기일혜 수필집 44

신혼여행

기일혜 수필집

마흔네 번째 이야기

신혼여행

크리스챤서적

머리말

이번 수필집(44집) 제목, 「신혼여행」은 내가 소설가로 등단하기 전에 쓴 글이다. 그리고 「신혼여행」(『내가 졸고 있을 때』)과 같이 이 책에 실린 「내 그리운 시절」은 『가난을 만들고 있을 때』 수필집에 나온 작품이다. 한번 나온 글, 왜 다시 싣느냐? 애착이 가고, 안 읽은 독자를 위해서.

사람마다 그리운 시절이 있고, 다시는 살 수 없는 '처음 삶' 때 묻지 않은 목숨의 향기가 서려 있다. 독자들에게 이 향기 다시 드리고 싶어서… 수필 쓰기 시작하면서 다른 글(소설)은 쓰지도 못하고 이 수필집만 위해서 살았다.

그동안 식탁에 내 숟가락 한번 제대로 놓은 기억이 없다. 글에, 삶에 빠져 사느라고 내 밥 한 그릇 챙길 여유도 없었다는 말이다.

앞으로도 살아가야 할 삶이, 써야 할 글이 있다.

이 글 쓰다 보니 한 생애가 거의 지나가 버렸다.

돌아다보니 곱고 아픈 세월이었다.

2021년 1월 17일 기일혜

차례

머리말 • 5

1부_ 당신 생명의 매뉴얼은 무엇입니까?

1. 영암 '회문리 학교'에 다니고 싶다 • 12
2. 남영희 님이 보낸 꼬마 편지 • 13
3. 빵만으로는 살 수가 없다 • 14
4. 옛날 사진을 정리하면서 • 16
5. 전화 수화기 들고 못 놓는 사람 • 17
6. 인생을 다섯 글자로 말해 보세요 • 18
7. 배롱나무도 5분의 1만 피었다 지고 • 19
8. 말보다 먼저 웃음이 나오는 친구 • 20
9. 왜 못 웃는 거예요 • 21
10. 겨잣빛으로 남은 시월의 여인 • 22
11. 파스칼의 수준 높은 전략 • 23
12. 어머니와 청각 이야기 • 24
13. 티셔츠 한 장 만드는 데 폐수가 970리터 • 25
14. 이 땅에 완벽은 없다 • 26
15. 일 년 내내 팔순 잔치합시다 • 27
16. 야! 재미있다 재미있어 • 28
17. 사이다 발언과 꼰대 • 29
18. 행복한 선생님과 불행한 선생님 • 30
19. 우리 어머니 같은 사람 없어요 • 31
20. 예물 갓김치 • 32
21. 애정을 가지고 도와주십시오 • 33
22. 음식은 맛있을 때 나눠야 • 34
23. 때늦은 후회도 쓰시는 하나님 • 35

24. 제3의 침입자 • 36
25. 가족 간의 예의 • 38
26. 아버지의 고독 • 40
27. 남편의 고독 • 41
28. 당신 생명의 매뉴얼은 무엇입니까? • 42
29. 해남 계곡면에서 보낸 굿 뉴스 • 43
30. 17년 만에 김장 김치 받은 농아 목사님 • 44
31. 내 마음에 있는 메추리알 6개 • 45

2부_ 아홉 번째로 밀려난 아빠

1. 지고[敗] 더 멋있는 사람 조코비치 • 48
2. 서양화가 양 선생님께 • 50
3. 엄마 옷이 좋아요 • 51
4. 아홉 번째로 밀려난 아빠 • 52
5. 네 식물(食物)을 물 위에 던져라 • 53
6. 늙고 가난한 사람들은 얼마나 아름다운지 • 54
7. 꽃들은 다 어디로 가 버렸나 • 56
8. 꿀 사러 백 리를 가다 • 57
9. 어른 노릇 하기 • 58
10. 해당화 핀 꽃밭이 있는 집 • 60
11. 일 못하는 사람도 사랑스럽지 않은가 • 61
12. 5,126번의 실패가 만든 사람 • 62
13. 어느 장년을 위한 기도 • 63
14. 글 안 쓰고 왜 나오세요? • 65
15. 동생에게 야단맞고 서 있는 나 • 66
16. 밥 잘 먹고 잠 잘 자라고 하지만 • 67
17. 내 글로 감동받은 자, 한 사람만 있어도 • 68

18. 아침을 새롭게 낮도 새롭게 • 69
19. 늙었다고 사랑하는 마음 빠지는 것 아니다 • 71
20. 작가님 글은 밥 같아요 • 73
21. 아내는 눈에 보이는 하나님이라고요? • 74
22. 뽀로통한 얼굴의 이웃에게 • 76
23. 시월은 너무나 아름다운 계절입니다 • 77
24. 연세도 있으신데 체크무늬를 • 78
25. 늙은 어머니가 뭐가 좋겠어요 • 79
26. 나 쓸 땐 아끼고 남에겐 안 아끼고 • 80
27. 크래커 두 봉지의 위로 • 81
28. 누구의 울먹임이든 내게는 남아서 • 82
29. 감방(병실) 323호에 갇혀서 • 83

3부_ 옳은 일 하고 고함지르지 마라 1

1. 첫눈이 펑펑 쏟아져요 • 86
2. 96세(여) 독자의 시(詩) • 87
3. 70억(?) 인류 중에서 오직 하나뿐인 당신 • 88
4. 30만 원 은행 빚이 3천만 원 되다 • 90
5. 내 약속 어김도 쓰시는 하나님 • 91
6. 환대(歡待)는 사랑이다 • 94
7. 힘껏 일해야, 힘이 나는 인생 • 95
8. 내 용서를 받아 주라 • 96
9. 광주(光州) 김 선생님께 • 97
10. 또 돈 내라고! • 99
11. 순천 북부교회 방송실에서 • 100
12. 감탄하기 위해 태어난 사람 • 102
13. 윤진숙 님의 아름다운 별명 • 103

14. 옳은 일 하고 고함지르지 마라 1 • 105
15. 옳은 일 하고 고함지르지 마라 2 • 107
16. 바보는 하나님이 책임지고 똑똑이는 자기가 책임지고 • 109
17. 지금은 관계 능력 배양의 시대 1 • 111
18. 지금은 관계 능력 배양의 시대 2 • 113
19. 햄버거 이야기 • 114
20. 동생 얼굴이 천사 같을 때 • 115
21. 맞춤법 틀리게 써서 보낸 글이 따뜻하다 • 116
22. 아들의 경고 • 118
23. 남편 따라 장례식장에 가서 • 119
24. 요즘 젊은이들이 많이 쓰는 말 • 120
25. 나한테라도 목에 힘주고 사소 • 121
26. 자녀손(子女孫)이 뭐예요? • 122
27. 블라우스 색 하나만 아름다워도 • 123
28. 작가 친구가 화낸 이유 • 124
29. 개를 데리고 다니는 남자 • 126

4부_ 내 몸 밖에 있는 또 다른 내 심장

1. 내 몸 밖에 있는 또 다른 내 심장 • 130
2. 아들의 부탁 • 131
3. 주방의 성자 로렌스 형제 • 132
4. 부지런하면 뭐 해, 깨끗하면 뭐 해 • 133
5. 4대가 함께 사는 집 • 134
6. 봄은 왔건만 걱정이 태산 • 136
7. 그림 언제나 그리움 • 138
8. 큰 용사보다 품꾼이 되고 싶다 • 140
9. 좋은 질문할 준비가 되어 있는가 • 141

10. 한 글자 한 글자 놓치지 않고 • 142
11. 내가 죽었다가(?) 살아날 때 • 143
12. 내 꽃밭이라면 그랬을까 • 144
13. 식탁에 숟가락도 못 놓고 사는 사람 • 145
14. 우리 집 샐러드 김치 1 • 146
15. 우리 집 샐러드 김치 2 • 147
16. 우리 집 샐러드 김치 3 • 149
17. 다 늙어서 나무꾼 같은 • 150
18. 남편과 함께 드라마를 보면서 • 152
19. 사건은 언제나 일어날 수 있다 • 153
20. 자네 참 독하네 • 155
21. 여자의 기본도 안 되는 사람 • 156
22. 내가 어디로 도망갈까 봐 전화하는가 • 158
23. 꿈입니다, 꿈 • 160
24. 신혼여행 • 161
25. 내 그리운 시절 • 165
26. 나는 그렇게 산다 • 173
27. 따뜻한 글들은 어디서 흘러나올까? • 174

1부

당신 생명의 매뉴얼은 무엇입니까?

영암 '회문리 학교'에 다니고 싶다

영하 11도로 추운 날, 오랜만에 영암 조 선생님의 전화다.

"…기 선생님, 김 선생님(내 남편)은 가장 외조(外助)를 잘 하는 분입니다… 보내신 책 받았습니다. 기 선생님 글은 마음의 기름을 짜낸 글입니다. 일상생활을 날카롭게 관찰하시고 진솔하게 표현하십니다. 일상생활 글이라고 쉽게 넘어가선 안 됩니다. 일상생활이라고 평범하다고 하면 참으로 안 됩니다… 연세도 있으신데 그렇게 예리하게 관찰하시고… 책을 곁에 두고, 손이(마음이) 갑니다…."

"선생님 이번(43집) 책에 제목이 「조 선생님이 좋아하는 가수」라는 글이 있어요. 제가 선생님께 드리는 글이니 꼭 읽어 보셔요…."

조 선생님처럼 풍성하게 아름다운 인간성을 가진 분이 있을까. 오래 사셔서 후생들이 많이 보고 배우게 하시길.

가까우면 나도 날마다 도시락 싸 가지고 학교 가듯, 영암 회문리 선생님 댁으로 공부하러 가고 싶다. 사모님(하 여사)에게서도 여자의 삶에 대해 많이 배우고 싶고.

남영희 님이 보낸 꼬마 편지

내가 못 버리고 놓아둔 꼬마 편지 봉투가 있다.

몇 년 전, 남영희 님이 앵두와 함께 보낸 편지가 그 속에 있다. 세상에 이렇게 작은 봉투가 있을까? 신기해서 자로 재어 보니, 가로 4, 세로 6센티미터 정도. 그 속에 네 겹으로 접어 넣은 꼬마 편지가 있다. "…앵두가 외로워서 '초청 친구' 함께 보냅니다. 선생님의 당부를 어겼습니다. 세월을 거스리는 열정 본받고 싶습니다… 낙안 어르신이 말리시며(건조) 애 닳은 곶감. 산에서 감을 따셔서 등에 지어 집으로 옮기시고, 마당에 검은 그물망을 깔아 편 상 위에 올려 말리신… 손수 농사지어 방앗간에서 볶으신 깨. 작은 양이지만 저도 선물받은 것이기에 나눕니다."

앵두가 외로워할까 봐 함께 보낸 '초청 친구들(곶감 몇 개, 참깨 볶음)' 그들은 물질이면서도 보낸 이의 마음이다.

이 나라 곳곳에 숨어 있는 '낙안 어르신'같이, 남영희 님 같이 나누고 나누는… 산야에서 말없이 피었다 지는,

'산유화 같은 여인들' 나라의 보배들이다.

빵만으로는 살 수가 없다

인천 친구가 인편(人便)으로, 정성 들여서 만든 건강빵을 보냈다. 오후에 금방 쪄서 차로 동생 집으로 가지고 가,

그날 동생 집에 간 오빠 편에.

집 앞을 지나는 지하철에서 그 빵 건네주겠다는 오빠의 전화받고, 지하철 승강장 4-1 출입문께로 나간다.

시간이 되자, 오빠가 지하철 안에서 내게 빵 봉지를 전해주면서 하는 말. "이건 내 것이다."

웃으면서 다른 빵 봉지를 흔들어 보인다.

넉넉하신 친구는 오빠에게도 건강빵을 나와 똑같이 선물했다… 나는 빵 봉지 받으면서도 오빠와 얘기하고 싶어서, 지하철 안으로 얼른 뛰어 들어가려다 만다.

들어갔다가 다시 돌아올까 하다가, 단정한 신사 오빠는 이런 나, 안 좋아할 것 같아 머뭇거리다 만다. 아쉽다.

천천히 출구 쪽 계단을 오르면서 몹시 아쉽고 허전해하는 내 마음을 보면서 이런 생각을 한다.

'인생이 뭔가, 사는 게 뭔가….'

인생은 사람을 만나서 반갑게 얘기하다 헤어져야지,

이렇게 빵만 주고받고 헤어지면 삭막하다… 지하철에 올라, 오빠와 얘기하다 올 것인데, 그만한 용기도 못 내고. 주저하다, 후회만 하면서 가는 나.

'오늘은, 잘 살라고 주신 새로운 하루.'

오빠와 반가운 얘기라도 하다가 헤어져야지, 빵만 받아들고 이게 뭐야… 나는 더 천천히, 아무런 낙이 없이 터덜터덜 집으로 간다.

어느 누구를 만나든 반갑게 웃고 얘기하다 즐겁게 헤어져야, 사람 사는 맛이다. 인간은 빵만으로는 살 수가 없다.

반가운 만남, 그리운 이야기, 따뜻한 사귐이 필요하다.

옛날 사진을 정리하면서

가족의 추석 만남을 밖에서 하고 집으로 와서 차를 마신다. 내가 글 쓰는 북향 방으로 와서 며느리들에게 새로 정리해서 벽에 건 그림들을 자랑하니, 둘이 다 내 방에 앉는다.

그림들을 본 그들에게 내가 얘깃거리를 제공한다.

내가 지난번에 사진 정리하면서 한 10여 장 골라 놓은 것을 보여 준다. 내 전 인생을 보여 주듯이. 며느리들이 처음 보는 것들이 많다. 그중에서 내가 경복궁에서 전국주부백일장에서 장원한 사진을 보면서 얘깃거리가 많다. 무릎 위로 올라오는 원피스에 아이 업고 찍은 사진. 플래카드에는 '제5회 전국주부백일장 접수처'라는 팻말이 있고, 사진 밑에는 '장원 수상 기념 서기 1971년 6월 24일'이라고 적혀 있다.

며느리들이 이 사진이 좋다고 한다. "어머니는 지금도 화장하고 눈썹도 좀 다듬으면 더 아름다운데… 그리고 이 사진 그냥 두지 말고 크게 확대해서 액자에 넣어요."

내 대답은 한마디다.

"내가 그렇게 하고 살면(얼굴 가꾸고) 글 한 줄도 못 쓴다."

전화 수화기 들고 못 놓는 사람

새 책이 나와서 출판사로 전화하니 실장님은 연가로 안 나오시고 팀장님이 받는다. 팀장님은 내 얘기를 한량없이 다 들어줄 것 같아서 계속 수화기를 못 놓는다. 공무로 바쁜 사람 붙잡고 있으니 이런 어리석음이라니… 수화기 못 놓으면서, 못 놓고 있는 내 마음 상태를 그에게 말한다.

"내가 지금 팀장님에게서 수화기 못 놓고 있지요. 애기가 엄마 젖 먹으면서 못 놓고 있듯이. 나는 따뜻한 인정에 허기져 있나 봐요. 따뜻하고 부드럽다 싶으면 움켜쥐고 안 놓네요." "저도 그래요." "네에? 네에? ⋯."

내가 누구하고 전화하다 끊지 못함은 내 마음 무한량해서… 팀장님도 그렇다고 하니, 어릴 적 친구 만난 것같이 어떻게나 반갑고 마음 놓이는지… 내가 가족, 친구에게 따뜻한 마음 많이 나누고 살지만 그것으론 양(量)이 안 차는가, 온화한 사람 만나면 줄기차게 매달린다. 아들이 '독서는 인생의 젖줄'이라고 했는데, 사람의 따뜻함은 내 목숨의 젖줄.

하나님 말씀인 성경은 내 생명의 절대 젖줄이고.

인생을 다섯 글자로 말해 보세요

어질어질, 몸이 안 좋으니, 짜증 내면서 저녁 준비하는 아내. 내가 이래선 안 되지, 하면서 아내는 의도적으로 국면(局面) 전환을 시도한다. "여보, 내가 하나 물어볼게요. 당신은 인생을 뭐라고 생각하세요. 다섯 글자로 말해 보세요."

남편은 잠시 생각하더니 모범 답 말하듯이 진지하게 대답한다. "참고 사는 것." 다섯 글자다. 아내는 놀란다.

"어머나 정말 모범 답 정답이네… 인생은 사랑하면서 살아야 하니, 오래 참는 것이지요. 오래 참는 건 오랜 고통이래요. 그게 사랑이고." 남편의 삶에 대한 태도에 한 번 더 경의를 표하면서 아내가 말한다. "내가 말해 볼까요. 인생은 '지지고 볶고.' 어느 목사님이 그러셨어요. 처음엔 속된 표현같이 들렸는데, 생각할수록 맞는 말이어요."

아내를 '지지고 볶아 본 적 없는 남편'은 잘 못 알아듣는다. 아내는 이런 짓궂은 말장난으로 순진한 남편 놀리면서 국면 전환 꾀하는가. 죄책감이 들다, 짜증 안 내려고 이런 말짓기놀이라도 하는 게 짜증 내는 것보다 낫다고 생각.

배롱나무도 5분의 1만 피었다 지고

가을 아침 산책길에서 아파트 구내 배롱나무들을 본다. 꽃이 만개하지 않고 5분의 1 정도만 피었다 지고 있다.

아버지가 생각난다. 가진 학식, 재능을 다 펼치지 못하고 빚만 지고, 평생 되는 일 없이 살다 가신 아버지도 5분의 1만 살다 가셨나. 어느 해 아버지가 새벽에 전화하셨다. 교회에서 세례 받았다고. "광주에서 온 목사님이 나는 늙었다고 먼저 세례 주더라… 내가 진즉 예수님 믿었다면 이렇게는 안 살았을 것이다…." 후회가 된다는 말씀.

그런데 명수필가 김소운 선생님은 내 아버지 얘기 전해 듣고 말씀하셨다. "딸 소설가 만들려고 빚 많이 지셨구먼."

아버지는 먼 교회까지 다니기 힘드셔, 아버지 집에 교회를 창립했다. 거기서 아버지 장례 예배 드리고… 아버지 인생, 잘 사신 것인가. 아버지가 하는 일마다 잘되어 자기 능력 5분의 1 아니고 5분의 5 다 발휘하고 살았다면 예수님 영접 안 했을지도 모른다. 세상에서 잘되는 것보다, 되는 일 없는 게 영적으로는 더 낫다는 게 내 생각이다.

말보다 먼저 웃음이 나오는 친구

"당신 웃음소리 들으면 명쾌해요." 친구 전화 받는 내 웃음소리 듣고 그가 한 말이다. 그는 80이 다 된 노년이지만 목소리는 젊어서나 똑같다. 맑고 힘차고 어떤 성결함이 있다. 그 목소리에 감탄하면 그는 "나는 목소리만 건강해요." 내가 그의 전화 받자마자 막 웃으면, 그도 기쁨이 확 솟으면서 그만 마음이 '더 무슨 말을 하랴'가 되고 만다고.

"보통 사람들에게 전화하면 말부터 하는데 당신은 웃음부터 쏟아 내니, 그만 나도 웃어지면서 명쾌해져요… 다른 사람하고 전화하고 나면 내가 말을 잘못했나, 염려도 되지만 당신하고 하면 오래 묵은 장같이 약이 되고 산소가 되지요." …나도 누구 전화받고 처음에 확 웃는 건 그가 처음이다. 그런데 그에게서 그 말 듣고 난 뒤, 가끔 다른 전화받을 때도 처음에 웃는다. 친구가 내 웃음, 좋게 받아들이니 그게 내 무의식에 새겨졌다가, 편한 사람에겐 말보다 먼저 웃음이 나오게 된다. '아아, 상대를 인정하고 좋은 말 해 주는 건 상대를 키워 주는 것이로구나.'

왜 못 웃는 거예요

예수님이 오시기 전에는 세상이 사망, 죽음 세계였는데, 오신 후에는, 사망에서 해방된 세상이다. 죄와 사망에서 해방되었는데 어찌 안 기쁘고 안 웃을 수 있겠는가.

어느 목사님 말씀이다. "오늘날 기독교는 잘잘못에 묶여서, 잘못했다는 공포감으로 회개만 하면서 잘못 지우느라, 잘할 틈이 없어요. 잘못한 과거 지우고 싶으면, 그게 후회스러우면 '지금 잘하세요.' 제일 쉬운 것. 웃으라고 그랬지요. 왜 못 웃는 거예요. 왜? 상대가 나를 얕볼까 봐, 오해할까 봐? …웃는다는 것 서비스가 아닙니다. 아첨이 아닙니다. 자신의 존재와 운명에 대한 자신(自信)이 있는 것이지요. 지금 완벽해서 웃는 것 아니어요. 소망이 나를 붙잡고 있다는, 소망이 나를 안 놓아 주는 것을 아는 '안심' '자신감'에서 웃는 거예요." "웃음이 없는 곳에는 복음(기쁜 소식 : 예수님이 세상 구원하러 오심)도 없다." 웃지 않는 사람이 나는 좀 무섭다.

무서움 두려움은 사랑이 아니다.

못 웃는 건 아직 예수님 사랑을 몰라서일까…?

겨잣빛으로 남은 시월의 여인

오늘 만난 인천 독자는 옷차림부터 내게 즐거움을 준다.

교회 기도하러 가는 도중에 나와 약속이 돼 만났기에,

오늘 그의 옷차림은 특별하게 안 차린 수수한 외출복. 그를 만나자, 내 시선을 먼저 끄는 건 코트 속 스웨터의 겨잣빛. 겨잣빛이 이렇게나 살아서 다가오다니… 갈색 골덴 바지에 노릇한 기가 감도는 커피색 면 코트는 스웨터의 겨잣빛을 싸안으면서, 상큼 쌉싸래한 가을 여인의 정취를 흠뻑 드러내고. 시월의 맑고 푸른 하늘 아래서 그의 겨잣빛 분위기는 내 미감(美感)을 아프게 자극한다.

수수한 것 같으나 고급한 멋이 있는 그의 옷차림. 예의가 있는 섬세한 배려. 가끔 비상(非常)한 그의 말과 침묵. 잠자던 내 시월의 영감을 소스라치게 깨운다. 모양과 색과 인격의 향기가 어우러진, 그는 멋을 아는 여인이다.

창조주는 피조물, 특히 여인에게 특별한 개성과 매력을 주어 세상을 아름답게 하신다. 영, 혼, 육이 아름다운 여인들, 문득 오산 경희 님이 생각난다.

파스칼의 수준 높은 전략

"…'인간은 생각하는 갈대' 17세기 프랑스의 과학자이자 수학자이자 사상가였던 블레즈 파스칼(1623~1662)이 『팡세』에서 한 말이에요… 『팡세』에는 짧은 글[斷章]이 모두 924편 실려 있어요. 핵심 주제는 기독교를 옹호하고 사람들을 교회로 이끄는 것입니다. 르네상스 시대 이후 기독교의 위상은 서서히 추락했는데, 파스칼은 인간의 존재 의미와 가치를 설명하면서 오히려 모든 사람이 신앙으로 돌아오기를 원했어요… 파스칼이 보기에 인간이 인간다울 수 있는 이유는 바로 '생각' 즉 '사유'하기였어요… 스스로 생각하기 때문에 위대하지만, 그럼에도 자꾸 흔들리는 연약한 존재이기 때문에 신이 필요하다는 생각이었죠. 이처럼 인간 자아와 이성을 강조한 것은 사실 파스칼의 수준 높은 전략이라고 할 수 있습니다. 이성을 근간으로 한 계몽사상이 발달한 시대이니만큼, 그 이성을 강조하면서 동시에 기독교 교리가 이성에 기반하고 있다고 주장한 것입니다."

『팡세』를 읽다가 그만뒀는데, 이 글 보니, 다시 읽고 싶다.

어머니와 청각 이야기

김장철이면 생각나는 어머니 모습. 배추 50~60포기 절여 놓고 밤중에 뒤집으러 나가면 친정에다 맡긴 내 아들(3세)이 할머니를 붙잡는다. 무거운 우량아 손자 솜 포대기에 업고 나가서, 그 많은 배추 뒤집는다. 세 살 외손자에게도 거절 못하고 예의 지키는 어머니. 어머니가 소천하시고… 입관예배드릴 땐 안 울던 그 아들이 집에 가서 얼마나 울었는지, 눈이 퉁퉁 부어서 출근 못할 정도였다고 며느리가 말해 준다. 할머니 사랑은 아들의 깊고 깊은 마음속 어디에 자리하고 있었나… 인천 친구는 이번 김장 김치, 결혼한 딸에게 주었다. 향긋한 청각을 처음 넣어 담근 백김치. 김치 속의 검은 청각을 본 어린 손자는 뱀 같다, 사위는 지렁이 같다, 딸은 벌레가 계속 나온다고… 이 소동을 나중에야 전해 듣고, 친구는 인터넷에서 찾아본다. 청각은 칼슘 철분 인이 많아, 성장기 어린이 뼈를 튼튼하게 한다고… 얼마 뒤, 사위가 말한다. "아버지에게서 들은 말인데, 청각은 명문 가정에서나 넣는다고…." 김장 문화도 추억도 집안마다 다르다.

티셔츠 한 장 만드는 데 폐수가 970리터

"패스트 패션의 유행으로 우리는 저렴한 티셔츠 정도는 쉽게 사고 버린다. 『물건 이야기』라는 책에 따르면 이런 티셔츠 한 장을 만드는 데 폐수가 970L 발생한다. 유통 과정에서 티셔츠 한 장당 배출되는 탄소는 4kg에 달한다. 알다시피 티셔츠 가격에는 오염된 환경 정화 비용이 포함되어 있지 않다. 즉 상품의 최종 소비자가 아닌 사회 전체가 감당해야 하는 것이다. '이익의 사유화, 손실의 사회화' 구조다… 세계자연기금과 호주 뉴캐슬 대학이 진행한 연구에 의하면 매주 한 사람당 미세 플라스틱 5g을 섭취한다. 5g은 대략 신용카드 한 장 분량이다. 하늘에는 미세 먼지, 바다에는 미세 플라스틱, 땅에는 코로나인가. 2020년의 우리는 어디로 가고 있나." 이 글 읽고, '새 옷 안 사고 헌 옷만 입기'로 작정한 나도 지구 환경 정화에 일조하는 것이고, 남편이 떨어진 내복 기워 입는 것도 지구 위하는 일이구나… "아니, 내복을 기워 입어요?" "그 헌 옷 버리고 새 옷 입으세요." 이런 말 듣는 삶도, 나쁜 것만은 아니로구나.

이 땅에 완벽은 없다

어제는 여러 분에게 전화했다. 코로나로 집에만 있어서 사람이 그립기도 하고 그동안 소식도 궁금하고 목소리라도 들으려고. 코로나라고 해도 집에 없는 분들이 많다.

오랜만에 듣는, 정선 양로원 원장님 말씀이 남아 있다.

오랜만에 듣는 그의 목소리가 나를 깨운다.

"저를 도와주시던 할아버지가 돌아가셔서 정신없이 바쁘네요… 하나님 빼고는 내 얘기 다 털어놓고 싶은 분이 선생님인데… 언제 한번 오셔요."

"그래요 저도 한번 가고 싶어요." 그의 말씀은 게으르고 나태한 내 삶에 퍼붓는 얼음물 한 바가지다. 얼음물 한 바가지 뒤집어쓰고 정신 차리고 생각한다. 과연 내가 그분이 털어놓는 얘기 다 들어줄 수 있는가. 형편없이 태부족한 나… 괴로워한다. 괴로워하면서 완벽하려고 하는 내 무지와 교만을 본다. "완벽, 이 땅에는 없고 천국에나 가야 있는 것."

그(원장님)가 다 털어놓는 '얘기' 내가 듣는 게 아니다.

내 안에 계신 예수님이 들으신다. 듣고 대답하신다.

일 년 내내 팔순 잔치합시다

팔순(八旬, 여든 살), 말만 들어도 지루해진다. 내가 여든이면서도 마음은 여든 아니라고 생각해서 그런가.

그러나 사람이 나이는 못 속인다 하고, 성경에도 "우리의 연수가 칠십이요 강건하면 팔십이라도…"(시편 90:10) 했다.

어느 친지를 만나 내가 추어탕 대접했더니, "작가님 팔순인데 제가 대접해야 하는데, 다음번에는 제가 대접할게요. 작가님, 우리 일 년 내내 팔순 잔치합시다. 잔치가 뭐 별거요. 이렇게 만나서 점심 먹으면서 이야기하면 되지요."

그럼, 나는 그와 일 년 내내 가끔이라도 만나야 한다.

그럴 수 있을까? 그가 나를 그만큼 끌어갈 수 있을까? …그럴 수 있다는 예감이다. 그는 지금 누구보다 절박한 삶을 살고 있으니까. 그의 절박함이 나를 끌고 갈 것이다. 사람 삶이 절박하다는 건 그 사람의 최대 매력이다. 나도 늘 가난 만들면서 절박하게 사니까, 절박하게 사는 내가 절박하게 사는 그를 만나면 팔팔하게 살아나, 나눌 얘기나 생각이 많을 것. 안일하고 형통한 사람은 내게 매력이 없다.

야! 재미있다 재미있어

숙이 님과 친구와 나, 셋이 만난 자리에서 내가 이 말을 자주 했다고 친구가 나중에 말해 준다. "야! 재밌다 재밌어." 지난번에 친구와 만났을 때도, 내가 이 말을 하면서 좋아했다고. 그러면서 덧붙이는 말. "어른들은 '야! 재밌다 재밌어' 그런 말 잘 안 하지요." 내가 답한다.

"내가 속이 없어서 그런가 봐요. 어른이 되면 재미있는 일이 없어지고 근심 걱정거리가 많은데, 나도 그런 걱정거리가 왜 없겠어요? 그날, 그날 그냥 살아요(주님께 남편에게 다 맡기고)."

그러나 내가 아무나 만나서 '야 재밌다 재밌어!' 하는 건 아니다. 내가 '재밌다!'는 건 영적 교제가 되는 사람과 있을 때다. 그러나 신자(信者)는 영적 교제가 안 되는 사람과도 예수님 마음으로 사랑하면서 어울려야 하는데, 잘 안 된다.

세상 사람들이 좇는 재미와 내가 좇는 재미가 다르다.

그러나 신자는 재미로 사는 게 아니니까, 안 통하는 사람과도 어울려 참고 견디면서 살아야. 그러나 어쩌다 한 번쯤은 이렇게 '야! 재밌다 재밌어' 하는 삶도 필요하지 않을까.

사이다 발언과 꼰대

어제, 친구와 숙이 님, 나 셋이서 한적하고 너른 식당에서 점심 들고 대화 나눈다. 대화 중 나오는 무슨 말, 내가 못 알아듣고 처음 듣는다고 하니, 옆에 있는 그들이, 그걸 모르는 나를 요즘은 '꼰대'라 한다고. 그 말에 나도 모르게 튀어나온 말 "꼰대도 필요하다고요."

모두 다 사이다 발언만 하면 이 사회는 어떻게 되겠는가. 사이다의 달콤 시원함은 잠시고 다시 사이다는 사이다를 부르고, 갈증은 더욱 심해진다. 꼰대가 있어서 중심 잡아 주고 찬물 부어, 절제시켜야… 숙이 님은 이런 얘기도 한다.

전번에 숙이 님 만났을 때, 내가 언젠가 동생이 우습게, '팥단빵 도너츠 꽈배기 땡기지 않으셔?' 해서, 내가 더 우습게 '땡긴다 땡겨!' 했다고 한 말을 그는 기억하고 있다. 그게 우습다면서 고개를 뒤로 젖히고 아이처럼 막 크게 웃는다.

맨 정신으로 들으니, 나도 엔간히 속스러운 데가 있다. '땡긴다 땡겨!' 동생 웃기려고 장난스럽게 즉흥 코미디 식으로 했지만, 나도 어디서 듣고 배워서 튀어나온 시셋말이다.

행복한 선생님과 불행한 선생님

친구가 우리 집에서 그림 보고 쉬는 오후 시간.

친구는, 친구 숙이 님이 휴가 끝내고 직장에서 하루 일 마치는 시간이라면서 그에게 전화한다. "…아주 행복하다고, 행복하다고요." 친구가 전해 준, 숙이 님의 말, '행복하다고, 행복하다고요'가 특별하게 들린다. 들은 바로는 숙이 님은 실력 있는 교사로, 교수법이 탁월해서 학생과 학부모 사이에서 신뢰가 깊고 존경받는다고. 그의 하루하루가 행복할 수밖에… 그는 학생들을 놓고 매일 새벽 기도한다. 기도로 준비한 수업은 방법, 결과가 다를 것. 숙이 님과 반대로 나는 교사 시절 늘 가슴에 사표를 품고 다닌 불행한 교사였다. 드디어 사표 내고 서울로 와서 가난하게 살면서도 복직 안 했다.

남편에게 미안했지만 다시 교단에 선다는 게 두려웠다.

내 한계를 느끼고 나 자신을 알았기 때문이다. 복직 않고 셋방 전전하다가 전국주부백일장에서 장원, 『현대문학』 소설 추천으로 이어진다. 하나님은 사람의 행복 불행, 잘잘못을 안 가리고 다 쓰신다. 우리의 어떤 삶을 통해서도 일하신다.

우리 어머니 같은 사람 없어요

10월 8일인가 어느 친구에게 전화하니,

내일이 자기 어머니 기일(忌日)이라면서 말한다.

"…세상에 우리 어머니 같은 사람은 없어요. 품위 있고 고상하고 안목 있고… 무슨 일 당하면 먼저 어머니는 어떻게 했을까 하고 생각해요… 작가님 어머니도 훌륭하셨지요?"

"우리 어머니는 내 맘에 안 들 때도 있었어요… 교회(고향집이 교회가 됨) 창립 예배 땐가, 친정집에 내려가서, 장애우 동네 소년과 재미있게 교회 마루 닦고 있었어요. 그때, 어머니가 와서 나를 불러, 너는 오늘 서울에서 와서 피곤하니 쉬고, 그 소년더러 하게 하라고 해요. 그때 어머니가 불공평하게 보였어요. 장애우 소년보다 딸을 생각하는 어머니가."

그는 내 얘기에 별말이 없고… 나는 아차, 사랑은 허물을 덮는데 어머니 허물을 기억하고, 주님과 어머니께 죄송했다.

그러나 이런 내 냉정함이 작가로 글 쓰게 하는가. 어느 목사님은 자기 '신랄함'을 주님이 쓰신다고. 주님은 스데반 죽인 바울도 쓰셨다. 살인자, 창녀도 쓰시는 하나님을 찬양한다.

예물 갓김치

어느 친지가 자기 밭에다 심은 돌산 갓으로 담근 갓김치 가지고 오겠다고 한다. 사양한다. 그걸 싣고, 차로 의왕시에서 우리 집까지 오는 수고를 생각하고. 그에게서 김치 받는 미안함에서 자유하려고. '갓김치 안 받겠다'는 건 비약하면 그와 사소한 관계 안 하겠다는 말로 들릴 수도 있다. 그때 나는 모든 인간관계 피해서 혼자 있고 싶었으니까. 그러나 내 내 마음이 편치 않아, 그 갓김치 받겠다고 다시 전화. 그는 김장 김치(극상품) 한 통과 전에 주려던 갓김치 싣고 왔다. 그 날, 점심에 더운밥해서 갓김치 배추김치에 둘이 잘 먹었다.

"갓김치 임자(작가님)가 이미 정해졌는데…."

그대로 두었다 가져왔다는 예물 같은 갓김치. 내가 거절하니, 그도 마음 상했을 것. 사람 관계는 다 고통이다. 내가 인간관계에 지쳐 쉬고 싶다는 건 고통 안 하겠다는 것. '고통 없는 삶은 삶이 아니다'라고 내가 말해 놓고도 피하고 싶을 때가 있다. 하나님이 주신 사랑의 힘으로 다시 일어날 뿐이다.

사람과 관계한다는 건 고통 한다는 것이다.

애정을 가지고 도와주십시오

내 책 표지 디자인 하나가 완성되려고 해도 여러 번, 시행착오와 시간이 필요하다. 그때마다 여러 사람 관계가 엉킬 때도 있고. 쉽게 되는 일은 없다. 좋은 일일수록 시행착오가 많고 더디 된다. 여러 사람 의견을 참고하고 수렴해야, 뭣보다 사람이 하는 모든 일에 간섭하시는 주님의 섭리를 깨달아서 주님 기뻐하시는 방법(사랑)으로 해야 한다. 주님은 모든 일을 온몸과 마음 다해 사랑으로 하라 하신다.

사랑만이 해결이다. 이번(43집) 책 표지는 표지 디자이너에게 내가 까다롭게 주문하고, 편집실장님은 5일 전에 원고 다 끝냈는데 표지가 늦어진다 하시고… 그런데 또 고치고 싶은 부분 있어, 부탁하고. 면목 없는 나는, 표지 디자이너 선생님에게 문자 편지 보낸다. "애정을 가지고 도와주십시오…" 은근한 내 간청이다. 그는 그날 밤 늦게까지 다시 만들어 다음 날 오전 일찍 퀵서비스로 보냈다. 내 간청을 고스란히 받아들이신 것. 모든 일은 사랑이 해결한다.

간청이 해결한다. 간청은 사랑이다.

음식은 맛있을 때 나눠야

친지가 '예물 갓김치'와 같이 싣고 온 김장 배추김치 한 통. 그 배추가 어떤 배추냐 하면 소나무로 둘러싸인 산속에 있는 밭, 그 밭에만 햇볕 내리쬐는 청정한 곳에서 무농약으로 기른 배추. 동생이 왔기에 두 쪽 준다. 동생은 맛있어서, 그 김치 4분의 1쪽만 먹고, 마침 집에 들른 아들에게 그 김치 다 줬다고. '맛있게 먹고 맛있어서 아들에게 다 줬다'는 동생이 고마워서 그에게 김치 6쪽 더 준다. 음식은 맛있게 먹는 사람의 것. 세상도 기뻐하고 감사하는 자의 것이고.

친지가 준 극상품 김치, 남은 한 쪽 우리 먹고 한 쪽은 다른 동생에게 가지고 갔더니, 동생은 그걸 오빠 맛보시라고 싸 드린다. 그렇게 해서, 극상품 김치는 맛있을 때 다 나누어진다. "콩 한 조각으로 열 사람이 나눠 먹고 남은 걸 둠벙(연못)에 던졌더니 첨벙!! 하더래요." 김치도 맛이 절정일 때가 있다. 그때 지나면 맛이 없어진다. 맛있을 때, 나눠야 하는데 그때 남 주려면 아깝다…. 내 인생의 밤이 오기 전에 더 좋은 것, 이웃에게 다 나누려고 한다. 나누고 있다.

때늦은 후회도 쓰시는 하나님

시흥 생태 공원 구경 갈 때, 숙이 님이 점심 준비해 왔다. 추석이 며칠 남았는데 미리 맛보라고, 갖가지 송편에 김밥, 커피, 차 등, 성의를 다한 준비에 놀랐는데, 더욱 놀란 것은 그것들을 담아 온 그릇이다. 보통 가볍고 편한 플라스틱이나 일회용 그릇을 사용하는데, 숙이 님 그릇은 영국 누군가의 이름 있는 작품. 숙이 님은 그 작가가 만든 그릇 디자인이 담백해서 좋아한다고. 고급한 취미다. 아름다운 그릇 보는 것도 여인의 아름다운 옷 바라보듯이 즐겁다.

그날 준비한 다양한 음식, 담는 그릇도 명품이고. 가끔 야외에서 이런 아름다운 호사, 누리는 여유로움도 필요하지 않을까. 평생 가족끼리 어디 놀러 가거나, 외식 한 번 안 한 나. 어느 노(老) 목사님 말씀이 생각난다. "자녀들에게 책 많이 읽게 해야겠다. 좋은 음악 많이 들려줘야겠다. 좋은 그림 많이 보여 줘야겠다. 박물관 많이 데리고 가야겠다. 피아노 가르쳐야겠다… 많이 웃어야겠다…." 내겐 다 때늦은 후회나, 때늦은 후회도 쓰시는 하나님 믿고 평안해진다.

제3의 침입자

시흥 생태 공원에 갔다. 친구와 숙이 님과 함께.

숙이 님이 그날 점심을 준비했는데, 그 성의와 안목에 놀랐다. 보기만 해야지 먹어서는 안 될 만큼 음식이나 그릇이 정갈하고 아름답다.

점심 후, 자리를 옮겨, 가장 전망 좋고 시원한 원두막 비슷한 정자를 찾아간다. 정자는 가파른 계단 15개 정도 딛고 올라가야 하는 높은 곳. 생태 공원이 한눈에 보이고, 불어오는 시원한 늦가을 바람은 맑고 향기롭다. 이 바람은 세파에 찌든 심령을 씻어 주는 듯.

이렇게 세 사람이 맑은 바람을 만끽하고 있는데, 세 사람의 침입자(여)가 올라온다. 공원 근처 마을에 살면서 매일 온다는 그들은, 텃세 비슷한 당당함으로 먼저 와 있는 우리가 주춤할 정도. 숙이 님이 나서서 그들과 대화하고 떡과 과일도 대접하고 보낸다. 그러나 그들은 우리의 은밀한(?) 안식을 침입하고 헤살 짓다가 간다.

그 뒤에 자전거 탄 남자들 몇이 우리가 앉아 있는 정자

(2층?) 밑에서 쉬면서 떠든다. "제3의 침입자가 또 왔구나." 내가 그들의 떠든 소리에 한마디 한다.

그 자전거 일행도 가고 우리는 대화 시작… 한번 흐트러진 분위기는 집중되지 않는다. 맥없는 대화가 오고 가는데, 숙이 님이,

"제3의 침입자라는 말이 놀라워요" 한다.

나는 이 자연 정원에 제1침입자는 우리 일행이요, 제2침입자는 근처 동네 여인들, 자전거 일행은 제3의 침입자라고 생각했다. 숙이 님의 경이로운 말이 침입자로 산만해진 내 이기적인 감각을 깨운다. 침입자라는 적대적인 말보다는 방문객이라고 함이 좋을 듯하다.

주님이 만든 자연 정원은 아무나, 누구나 쉬어 갈 자격이 있다. 어찌 우리만일까. 끝이 없는 내 이기심이 주님과 자연 앞에서 부끄러워진다.

가족 간의 예의

'가족 간의 예의.' 숙이 님에게서 들은 신선한 말이다.

우리들 가정은 부부 간에 가족 간에 너무 예의 없이, 무례하게 사는 것 아닌가.

'가족 간의 예의는 어떤 형식이 아니라,

더 높고 깊은 사랑의 구체적 표현이다.'

가족은 이 땅에 남아 있는 우리 사랑의 마지막 보루이기 때문에 더 인격적으로 가꿔야 한다. 가족은 가깝고 허물없기에 무례하기 쉽고 상처 받기도 쉽다.

가족 간의 상처는 잊히기도 하지만 안 잊히기도 한다.

지금도 내게 생생하게 남아 있는,

내 소설에 대한 아버지의 독후감이다.

"일혜야, 네 소설은 처음 시작은 좋다.

그런데 끝이 도무지 이해가 안 간다."

나는 그때 '그래요…' 하면서 아버지 의견을 인정하고 존중해 드려야 했다. 그것이 가족 간의 예의다. 사랑이다.

그러나 그때 나는 젊고 파릇파릇해서 아무런 대답도 않고 침묵으로 아버지에게 항변했다. '아버지는 내 문학을 이해 못해요. 아버진 도스토옙스키 소설을 뭔 말 하는지 통 모르겠더라 하시고, 투르게네프의 『아버지와 아들』만 좋아하시지. 나는 그 소설 싱거워요(?). 도스토옙스키를 이해 못하는 감정으로 내 소설 당연히 모르지요. 더구나 내 소설은 영(靈)적인데….'

젊은 날의 오만방자하고 무례한 내 생각이었다.

아버지가 노트에 많이 쓴 낙서 한 구절(나는 가노라/산 넘고 물 건너 나는 가노라)을 읽으면 아버지는 '아버지의 고독'이 있었는데, 그런 아버지를 이해하기엔 나는 자의식이 강하고 너무 젊었다.

가족 간의 예의를 지키려면 한 인간, 인생으로서 성숙함이 있어야 한다.

아버지의 고독

어느 젊은 엄마가 아들(6세 정도)을 나무라니까, 책을 읽기 시작한 아들이 "웃기시네…" 하더란다(책에서 읽고).

엄마는 놀라서 어린 아들을 나무란다. 어른한테는 그런 말 쓰는 것 아니라고. 놀란 아내는 남편에게도 말한다. 그 말을 듣고 순진한 아빠는 방에 들어가서 울었단다.

내 아들은 바르게 예의 있게 잘 자라길 바라는 순수하고 어린 아빠의 눈물이다.

그때부터 아버지의 고독은 시작이 된다.

내 아버지가 일기장 같은 공책에 가득 메운 낙서.

'나는 가노라 나는 가노라…' 노년까지 방황만 하다 말년에야 예수님 만나시고.

언젠가 나는, 내 소설을 이해 못한 아버지를 불만했다. 아버지의 현실적인 무능이나 정신세계, 철학은 이해했지만 내 소설을 모르시는 건 이해 못 했다. 이해가 안 되어도 아버지니까 존중했어야 했는데….

남편의 고독

얼마 전에 내가 남편 속상하게 하고 사과하면서 참아 줘서 고맙다고 하자, 그가 말한다. "많이 참고 살았지…."

늘 참는 게 남편이라 이런 말 하는 그가 새삼스러웠고 그답지 않았다. 남편이 내 비현실적이고 환상적인 생명이 저지르는 실수를 다 참아 주니까, 안 참아 주면 이상하다.

참는 건 그의 적성인데, 새삼스럽게 '많이 참고 살았지…' 하는 그가 생소했고…. 그러므로 내 일상에서 큰 외로움은 없다. 그게 내 약점이라면 약점.

내겐 영적 아버지인 주님 계시고 이 땅 일은 남편이 맡아 해 주고, 마음 고생 하지 않고 살았다. 한번은 어느 시누이가 "언니는 온실에서 살아서 그런 건 몰라요" 해서, 심각하게 부끄러웠다… 내 40대에 어머니가 내 집에서 며칠 있다가면서 하시는 말씀. "일혜야 너는 내가 보니까, 다 남의 일로 애타고 다니더라. 내 일로 애타는 것보다 낫다."

내 몫까지 두 배로 애타고 사는 남편의 삶, 늘 고독할 것.

이 땅의 남편은 그런 의미로 다 고독하다.

당신 생명의 매뉴얼은 무엇입니까?

거룩함에 대한 어느 목사님의 말씀이다.

거룩함에 대한 선입감을 완전히 바꾸신다. "…거룩함의 개념을 바로잡기 위해서 예수님이 오셨습니다. 거룩함은 무겁고 조용하고 장엄하고 두려워서 범접하지 못하는 것 아닙니다. '거룩'의 뜻은 '밝게 빛나다. 따뜻하다. 새롭다.'

예수님 말씀 통해 내가 밝고 따뜻해지고 새로워지고… 그래서 나, 만나는 사람에게 밝게 따뜻하게 하는 빛이 되고, 새롭게 하는 소금이 되는 것… 예수님의 영성은 현실(생활)에 뿌리박은 영성, 곧 빛과 소금(삶 속에서)이 되는 것… 최고의 빛은 아내나 남편에게 방긋방긋 웃어 주는 것, 아무리 근심 걱정 있어도 마음이 환해집니다. 요즘 코로나로 우울한데 식구들한테 방긋방긋 웃어 주고 따뜻하게 대해 주어야….

지적하고 원망하는 대신 감사하고 칭찬하고, 말이라도 한마디 따뜻하게 해 주는 것… 빛과 소금이 되라는 말씀은 싱싱하고 구체적인 '생명의 매뉴얼(manual : 사용 설명서)'입니다."

쉬운 말씀 같으나, 실천하기는 쉽지 않은 말씀이다.

해남 계곡면에서 보낸 굿 뉴스

나는 해남에 친구들이 많다. 어느 날 한 친구가 전화한다.

"…선생님 우리 집 앞에 있는 담이 잘 무너져요. 큰 차들이 드나들면서 부딪혀서 무너지면 동네 사람들이 도와줘서 다시 만들고 해서 미안했는데, 이번엔 내가 100만 원만 내면 정부에서 새로 담을 쌓아 준대요." "그럼 골목길 넓혀야 하니 당신네 텃밭 많이 들어가겠네요." "들어가지요. 아이 그까짓 것, 들어가도 좋아요. 그런데 동네 사람들이 내가 무슨 돈 있냐고 동네에서 50만 원 부담하자고 했대요. 나는 50만 원만 내면 된다고 해서, 얼른 가서 50만 원 내고 왔어요… 어떻게 담을 쌓을지 기대가 되네요."

"동네 사람들이 자원해서 50만 원 낸다고요? …당신 동네에서 인심 얻었네요. 한 치 땅 놓고도 싸우는데, '땅 그까짓 것' 당신이 땅에 욕심 안 내고 사니까, 동네 인심 얻었네.

이거야말로 굿 뉴스네요." "그런가요."

60년 가까이 산 동네 사람들한테 '그런 인심 얻는다.'

그가 한평생 잘 살았다는 증거다.

17년 만에 김장 김치 받은 농아 목사님

김장 못 하고 있는 노년의 해남 친구 집에 손님이 찾아왔다. 김장 김치 60kg 승용차에 싣고. 시중에서 김치 10kg에 7만 원(?) 하는데 60kg면 42만 원어치. 친구는 그 이야기를 내게 자랑한다. 자랑할 만하다. 그 많은 김장 김치, 담가 가지고 오기도 어렵지만 보행이 불편한 친구에겐 그걸 나누기가 더 어렵다. 그래도 친구는 그걸 소외 계층에 나누려고 김치 줄 사람 선별, 포장해서 부치고… 어느 장애우에게 김치 있느냐고 전화하니, "김치가 어딨어요?" 장애우의 이 한마디! 가슴 저민다. 김치도 건강하고 몸 성한 자끼리만 나누고… 장애우는 나눔 대상에서도 제외된다…. 성경을 보면 하나님은 고아, 과부, 나그네를 먼저 사랑하신다. 지금은 그 사랑의 대상에 장애우를 넣어야 하지 않을까. 친구는 또 김치 보내려고 농아(청각 장애자) 교회에 전화. 곧 통역 앞세우고 오신 농아 목사님. '김장 김치 받기는 17년 만에 처음'이라고 감격!

우리는 가까운 이웃 안 보고 어디, 먼 산 바라보고 사는가? 옆에 있는 사람을 보아야지! 보아야지!

내 마음에 있는 메추리알 6개

오늘 아침, 찐 고구마, 생고구마, 호박죽, 찐 메추리알 6개 들고 혜경 엄마가 찾아왔다.

마스크 쓰고 아파트 현관 앞에서 그것들만 전해 주고 갔다. 내가 어젯밤 혜경 엄마에게 투정하듯 전화했다.

"나, 앞으로 아무도 안 만나요… 누구도 받아 줄 힘이 없어, 어질어질해요. 나는 평생에 쓸 힘 다 써 버렸거든요…."

내 얘기 듣고 난 다음 날. 그가 시어머님(95세) 반찬 해다 드리고 오는 길에 나를 위로한다고 들렀다. 집에 있는 것들을 가지고. 작은 비닐 조각에 싼 메추리알 6개(시어머님 드리고 남은 것 같다)가 종일 내 마음에 있다.

나는 돈은 잘 모르지만 사람들은 명절날, 가장 좋은 선물은 돈이라고 한다. 혜경 엄마가 오늘 아침에 가지고 오신 건 돈 들이지 않고 집에 있는 것을 가지고 오셨다. 돈 들여 갈비 사서 찜 해 왔다면 이렇게는 안 반갑고 안 고마웠을 것.

그가 준 메추리알 6개가 종일 내 마음속에 있다.

마음속엔 마음으로 준 선물만 남는다.

2부

아홉 번째로 밀려난 아빠

지고[敗] 더 멋있는 사람 조코비치

테니스를 좋아하는 어느 분에게서 들은 이야기다.

작년이던가, 어디에서 테니스 황제 로저 페더러와 노박 조코비치의 결승전이 열렸다. 장시간의 격전 끝에 패자가 된 페더러는 소감을 묻는 기자에게, 이길 수 있는 경기인데 졌다고 아쉬움을 토로하는 데 그치고, 승자인 조코비치는 소감을 이렇게 말했다.

"이런 위대한 경기를 승패로밖에 결론지을 수 없다는 건 슬픈 일입니다."

스포츠를 예술의 경지로 올리는 말이 아닌가. 두 사람 다 최선을 다한 위대한 경기를 누구는 이겼다, 누구는 졌다, 승패로 결정해서 한 사람을 비참하게 만든다는 건 비인간적이라 슬프다는 것인가… 조코비치는 2017년, 16강에서 한국 정현 선수에게 패했을 때도 이렇게 말했다고 한다.

기자 : "아직 부상에서 완쾌되지 않으셨군요."

조코비치 : "승자(정현 선수)를 그런 식으로 폄하하지 마

십시오. 선수들에게 부상은 모두에게 있는 것입니다. 정현 선수는 실력으로 나를 이긴 것입니다."

지고[敗] 더 멋있는 사람 조코비치다.

"우리들의 승패가 하나님께 있다는 걸 알면 우리는 위대해질 수 있다."

우리의 결국은 승리, 세상에서 잠시 사는 동안은 멋있게 져 줄 수 있다. 아니, 져 주어야 하지 않을까.

아등바등 이기려고만 말고.

주님은 내가 양보하고 손해나고 져 주는 걸,

'네가 이겼다, 네가 승리했다'고 기뻐하신다.

서양화가 양 선생님께

서양화가 양 선생님(며느리 맏언니)이 추석 명절에 보낸 과일 받고, 내가 보낸 문자 편지다. "무슨 과일을 이렇게 보내셨어요… 주신 마음 생각하고 잘 먹겠습니다."

"저희가 받은 은혜 생각하면 약소합니다… 보지 않고 주문해서 어떨지… 밤이 늦었지만 실례를 무릅쓰고 드립니다." "…저는 잊지 않고 있습니다. 제 글 아껴서 보신다는 말씀을… 대전에 가서 사돈 간을 떠나 맘껏 대화하고 싶습니다. 언니들(며느리) 두 분(서예가, 화가)도 함께요." "저희들이 감사하지요. 말로는 표현할 수 없어서 그렇지만… 읽을 때마다 느껴지는 평온함, 순수함, 따사로움, 영혼이 정갈해지는 듯한… 책을 읽을 때마다 감사하는 마음입니다."

서양화가 양 선생님은 극도로 부드럽고 여린 감성으로 수줍은 인상인데, 며느리가 말하는 언니는 다르다. 며칠씩 밤새워 그림 그리고 많은 책을 읽으시고… 그림에 온 열정 쏟아서, 일상에선 부드럽고 여린 수줍은 허울만 남아, 후우 불면 날아가 버릴 가녀린 환상으로 보이는가.

엄마 옷이 좋아요

언젠가 가족 모임이 있는 어느 음식점. 아들이 내가 입은 블라우스를 보더니 한마디 한다. "엄마 옷이 좋아요." 옷을 쓰다듬듯이 보면서 하는 말이 포근하게 마음을 감싸 준다.

"으응 이거 아름다우니…" 나는 아들이 아름답다고 하는 옷에 대해 설명한다(안 했으면 좋았을 것을…). 청계천 어느 교회에서 '제3세계'에 옷 만들어 보내고 남은 옷들(불합격품인가), 그 교회 교인들이 골라 가고 남은 것에서 고른 옷이라고.

몇 년 전, 친구와 둘이 가서 하나씩 얻었다. 친구는 입어 보니 불편하다고 내게 줘서, 지난여름은 이 옷 두 벌로 잘 지냈다고… 아들은 늘 좋은 옷 안 입는 엄마가 오랜만에 좋은 옷 입었구나 하고 기뻐서 한 말인데, 엄마는 이 옷도 '얻어 입은 것'이라고 장황하게 설명하니, 아들 마음이 어땠을까? …그 옷이 내 수중에 들어온 얘기는 안 했어야… 그러나 꼭 나쁘기만 할까. 기분 좋은 말만 하고 살 수 없는 세상. 때로는 기분보다 중요한 사실— 엄마 삶의 진실을 안다는 건 아들에게도 필요한 일이다.

아홉 번째로 밀려난 아빠

귀여운 딸에게(6세) 아빠(내 조카)가 묻는다.

"네가 좋아하는 사람 아빠한테 말해 봐."

"1. 할머니 2. 엄마 3. 사촌 오빠(8세) 4. 외할머니 5. 외할아버지…… 9. 아빠." 6, 7, 8번은 누구인지 못 알아들었다. 그 아빠가 운전하는 승용차 뒷좌석에서 들었기에, 잘 안 들렸다. 안 들려도 좋다. 아빠가 아홉 번째라는 사실 하나가 나를 생각하게 하니까. 조카가 계속 말한다.

"…이모, 그러다가 내가 잘해 주면 아빠를 5, 6번에 끼워 넣어 주기도 해요." "애가 믿거라, 하고 아빠를 아홉 번째로 넣겠지. 아빠는 내가 아무 말 해도 화 안 낼 사람으로 믿고. 할머니나 엄마나 외할머니는 아홉 번째로 좋아한다고 하면 섭섭해할 것. 아빠는 마음이 한량없이 넓어서 아홉 번째라고 해도 화 안 내고 서운해하지도 않고 무조건 나를 좋아하는 사람, 재미만 좀 없을 뿐….

아빠는 딸이 아홉 번째라고 해도 기뻐서 어쩔 줄 모르는, 어린 딸에게 믿음 주고 품어 주는 무한 사랑의 아빠니까."

네 식물(食物)을 물 위에 던져라

오래전, 어느 포병 여단장님이 내 독자여서, 그가 지휘관으로 있는 여단 산하의 국군 교회 한 20곳을 강사로 다녔다. 어느 날 한 국군 교회 주일 예배를 마치고 나오는데, 교인인 중대장님 사모가 자기가 주워서 만든 도토리 가루가 든 봉지를 준다. 성의를 뿌리칠 수 없어서 받아, 집에 와서 보니 도토리 가루 봉지 밑에 5만 원 든 봉투가 있다. 놀랐지만 돌려 드리기도 쉽지 않고. 어떻게 수소문해서 그 사모와 연락이 닿아 지금까지 내 책을 10여 년 간 보내고 있다.

그 사모는 그때 언제 만날지도 모르는, 잠깐 왔다 가는 나그네 같은 강사에게 정성 다한 예물을 드렸다. 물 위에 던진 거나 같은 도토리 가루 밑의 그 5만 원. 그게 일을 한 것이다. …그에게 내 책 10여 년 간 보내고도, '못다 한 마음으로 있는 내 진심'을 얻는 큰일을 해 낸 것 — 전도서에 있는 말씀이다. "너는 네 식물(食物)을 물 위에 던지라 여러 날 후에 도로 찾으리라"(전 11:1, 개역한글). 그 사모는 물 위에 던지듯이 내게 식물을 던지고 여러 날 후에 도로 찾은 것일까.

늙고 가난한 사람들은 얼마나 아름다운지

화가 반 고흐가 동생에게 보낸 한 편지를 읽고,
크게 감동해서 여기에 옮긴다.

"늙고 가난한 사람들은 얼마나 아름다운지 그들을 묘사하기에 적합한 말을 찾을 수가 없다. 이스라엘이 그들을 거의 완벽에 가깝게 그려 냈다. 그런데 그런 눈을 가진 사람이 드물다는 게 이상하다. 여기 헤이그(네덜란드)에는 매일 많은 사람들이 보지 못하고 지나치는 세계가 존재한다. 다른 사람들이 만들어 가는 것과는 전혀 다른 세계지.

인물 화가들과 거리를 산책하다가, 한 사람에게 시선을 주고 있는데, 그들은 '아 저 지저분한 사람들 좀 봐.' '저런 류의 인간들이란' 하고 말하더구나. 그런 표현을 화가한테서 듣게 되리라고는 상상도 못했지… 그런 장면은 사람들이 가장 진지하고 가장 아름다운 것을 의도적으로 피하는 것이라고 느껴졌다. 한마디로 스스로 자기 입을 막고 자기 날개를 자르는 것이지…."

화가 고흐는 사람의 참 아름다움을 '늙고 가난한 사람들'에게서 찾았다.

'늙고 가난한 사람들은 얼마나 아름다운지 그들을 묘사하기에 적합한 말을 찾을 수가 없다.'

사람이 늙고 가난하게 살면 가장 진지해지고 한 꺼풀 꾸밈도 없이 신(神)과 대면하고 살아서 그럴까… 늙고 가난한 인생은 사람 바라보지 않고 신(神)만 바라보고, 그 손길을 기다리는 사람이라, 진실하게 아름다운 것일까.

늙고 가난해지면 인간의 본연의 모습, 주님의 창조 흔적이 많이 남아 있어서 그럴까? …고흐가 느꼈을 사람의 진정한 아름다움을 나도 내 마음으로 느껴 보고 싶다.

고흐는 그림의 천재일 뿐 아니라, 하나님이 사람을 만드시고 생기를 불어넣은 그 최초의 생기를 가장 많이 지니고 있는 영혼의 천재라는 생각이 든다.

꽃들은 다 어디로 가 버렸나

우리 아파트 정원에 피어 있던 나리꽃, 남빛 도라지꽃을 누가 꺾어 가 버리고… 허전해하는데, 이런 글이 눈에 띈다. "…그 많은 노래[反戰] 중 최고의 텍스트로 꼽히는 것은 역시 미국 모던 포크의 아버지 피트 시거에 의한 「꽃들은 다 어디로 가 버렸나」(1962)가 될 것이다… 소련의 작가 솔로호프의 장편소설 『고요한 돈강』을 읽다가 소설의 한 대목에서 영감을 얻어 3절(나중에 5절로)짜리 노래를 만들었다… '꽃들은 모두 어디로 갔나? 소녀들이 꺾었지 / 소녀들은 어디로 갔나? 남편들이 데려갔지 / 그 남자들은 모두 어디로 갔나? / 그들은 모두 군대에 징집되어 있네… 그 군대의 병사들은 모두 어디로 갔나? 그들은 모두 묘지에 묻혔지 / 그 묘지들은 어떻게 되었나? 묘지들은 다시 꽃으로 뒤덮였지.'

역사는 이렇게 비극적으로 되풀이된다. 그리고 그 슬픔 또한 반복된다."

그러나 죽음도 슬픔도 없는 나라가 분명히 있다.

믿음으로 가는 영원한 하늘나라가 있다.

꿀 사러 백 리를 가다

해남 친구(70대 후반)에게 꿀을 부탁했다.

꿀에 잰 수삼이 내 원기 회복에 좋다고 해서.

그는 차를 몰고 국도로(고속도로는 위험해서) 한 시간쯤 천천히 가서 친척 아저씨한테 꿀을 사 왔다. 그 아저씨가 꿀을 따면 대기한 사람들이 있으니까, 인터넷에 올릴 필요도 없이 곧 떨어진다고. 그러니, 사람이 직접 가서 사야 하는 불편함이 있다. 그 꿀을 싣고 와서, 다시 차로 20~30분 거리에 있는 우체국으로 가, 꿀 넣을 상자 사고. 우체국 직원이 친절하게 포장해 준다. 그렇게 복잡하게 주문한 꿀 두 병이 도착했다. 남편이 꿀 값 송금하고… 이 복잡한 과정에서 친구를 더 알게 된다. "선생님 나는 누가 심부름 시키면 반가워요. 나를 얼마나 믿어 주면 나한테 뭘 부탁할까 하고."

꿀을 주문하고, 내게 오는 과정에서 그와 여러 번 전화했지만 그는 내게 언짢은 표정 한번 안 짓고(서울에서도 해남에 있는 그의 표정 다 보임. 목소리에 그의 표정이 묻어오니까…). 내 귀찮은 부탁 들어주는 과정에서 그의 인격이 다 드러나 보인다.

어른 노릇 하기

질녀(오빠 딸)가 바쁜지, 내게 전할 게 있다면서 5분 후 아파트 정문 앞으로 나오라는 전화다. '정문 앞으로 5분 후' 부랴부랴 옷 갈아입고 승강기에 오른다.

젊은 여인이 인사한다. 나도 인사하고. 내리는데 여인은 또 내게 "안녕히 가셔요" 한다.

승강기 안에서 인사 두 번 한 젊은 여인은 처음. 그가 먼저 내리고 내가 뒤따라가면서 여인에게 하는 말.

"아가씨인지 부인인지 모르지만 참 예쁘네요, 고맙고."

나는 그 말을 하고 정문 쪽으로 달리면서, 나도 모르게 노래를 부른다. '달린다, 달려간다 젊은 꿈을 안고서….'

어디서 얻어들은 무슨 노래 가사를, 신나게 달려가면서 부르다가 뒤를 돌아다본다. 젊은 아가씨인지 부인인지 모를 그 여인도 나처럼 달리면서 반대편 보도로 가려고 차도를 막 뛰어가고 있다. 나는 웃으면서 '금방 나를 따라 하네. 내가 달리니까 자기도 달리네. 나를 닮아 버리는구나…' 하면서 흐뭇하게 질녀가 기다리는 정문께로 달려간다.

사람은 보는 대로 닮는다고 한다. 젊은 날 외출하려고 옷장을 열고 옷 고르는데, 오전에 아파트 2층에서 내려다본, 어떤 여자가 입고 가던 검은 블라우스가 무의식에 남았는지, 나도 모르게 검은 블라우스를 고르고 있다. 내 무의식이 보는 대로, 보면서 닮는다. '보(고)배운다'는 말도 있고.

내가 달리니까 그녀도 반사적으로 달리고(?). 그러므로 나는 나도 모르게, 나를 보는 누군가의 삶에 영향을 미치고 누군가에게서 영향을 받으면서 산다.

그러므로 좋은 영향 미치면서 살아야 한다. 그게 바로 어른 노릇 아닌가. 우리 주위엔 어른이 없다고 한다. 훌륭한 어른이 드물다는 말이다.

"사람이 훌륭해지려면 인간에 대한 이해와
신(神)에 대한 이해를 골고루 갖춰야 한다."

거창한 삶에서보다 매일 삶 속에서 평범한 사람으로 잘 살면— 그가 바로 훌륭한 사람 아닌가. 일상에서 이웃을 만나면 웃고 인사하고 따뜻한 말 한마디라도 건네며 사는 것, 훌륭한 어른 노릇이다. 그거 못할 사람 있겠는가. 특별한 능력, 수고가 필요한 것도 아니고… 그런데 어렵다.

마음의 일이라 그럴까.

해당화 핀 꽃밭이 있는 집

아들 고3 때 담임 선생님과 지금도 연락하고 지낸다.

이번에 수필집(41집)을 보냈는데, 못 받으셨다고.

책 몇 권 들고 목동 지하철역에서 만난다. 나를 만난 선생님은 기어이 근처 자기 집까지 가자고, 완강하게 사양하는 나를 '아내가 꼭 모시고 오라고 했다'면서 결사적으로 나를 차에 태운다. 나는 마스크 쓴 채 선생님 댁으로 끌려간다(?).

아파트 1층인데, 집 앞 넓은 꽃밭에 해당화가 곱게 피어 있다. 해당화를 보자, '아아 오늘 여기 오기 참 잘했구나!'

고등학교 가정 선생님이셨던 사모님은 우아하고 정결한 거실에서 차를 대접한다. 차를 마시면서, 30여 년 전 이야기 나누면서 30여 년 전의 나와 만난다. 사모님은 내가 선생님 어머님 작고하셨을 때도 왔다고 하시고, 아들 담임 선생님은 내가 그때, 아들을 존경한다고 말했다 하시고… 지금도 나는 아들 며느리들을 존경한다. 나보다 낫기 때문이다. 혈육을 초월한 지극히 성경적인, 예수님 사랑을 믿는—그들 어머니 아닌 그들 친구로서, 내 낮고 어린 마음에서.

일 못하는 사람도 사랑스럽지 않은가

추석 앞두고 거동이 불편한 친구 집에 들렀다.

꽈리고추와 멸치 볶아서 들고. 친구가 문을 열어 주는데 현관 앞뜰에 잡풀이 자욱하다. 반찬만 전해 주고 나는 뜰에 앉아서 잡풀을 뽑는다. 처음엔 맨손으로 뽑다가 진드기 생각이 나서 면 장갑 달라고 해서 끼고 뽑는다.

엊그제 비가 와서 풀은 잘 뽑아진다. 일이 아니라 놀이 같이 재미있다. 잡풀이라도 예쁜 건 남겨 놓으니 친구가 말한다. "기일혜 씨 다 뽑아 버려요!" 일할 줄 모르는 친구는 가위 들고 나와서 사람 머리칼 자르듯이 풀을 조금씩 자른다. 웃음이 나오는 걸 참고… '저 일 못함도 사랑스럽지 않은가.'

저 일 못함, 내가 친구 좋아하는 데 아무런 상관이 없다. 일 못해도 좋아할 수 있고, 일 잘해도 내가 싫어할 수 있다. 하나님도 일을 아니하고, 경건하지 아니한 자라도 '주님의 의'를 믿는 자는 의롭다 하신다고 말씀하신다.

"일을 아니할지라도 경건하지 아니한 자를 의롭다 하시는 이를 믿는 자에게는 그의 믿음을 의로 여기시나니"(로마서 4:5).

5,126번의 실패가 만든 사람

어느 친지가 나를 싣고 시흥 생태 공원에 데리고 갔다. 의왕시, 그의 집에서도 한 30~40분 걸리는 거리다.

생태 공원 구경하고 돌아오는 길. 준비 없이 가서, 나를 태우고 간 친구에게 기름 값도 못 보태 드리고 내려야 할 판.

나는 급히 지갑을 다 털어서(적은 돈) 내 책에 넣어서 가만히 뒷좌석에 놓고 내린다. 다음 날 보니, 내 지갑이 없다. 지갑에는 내 주민 등록증과 독서 카드 둘밖에는 없다.

친지에게 전화해서, 그의 차 속에 떨어진 지갑을 찾았다.

다음 날 지갑 받으러 가면서 서경선 님이 주신 퀼트 가방과 어제 못 드린 기름 값이라고 조금 봉투에 넣고.

그는 기름 값, 어제 주고 또 주느냐고 사양하면서 말한다.

"실수가 일을 하네요. 지갑 안 떨어뜨렸으면 오늘 퀼트 선물도 못 받고…." '실수가 일을 하네요.'

내가 자주 쓰는 말이다… 실수할 때, 좌절하지 말고 주님이 그 실수, 어떻게 쓰시나 지켜볼 일. '다이슨' 기업의 창업자 다이슨(72세)은 "5,126번의 실패가 나를 만들었다"고 한다.

어느 장년을 위한 기도

오늘 아침(2020. 11. 30.) 책장에서 책 찾다가, 이런 엽서 카드 하나를 발견한다. 오래전 중 3인 아들에게 보낸 아들 친구의 엽서다. 내가 책 사이에 끼어 둔 걸 보니, 그때(34년 전) 나도 이 엽서 읽고 감동받은 것 같다.

이제는 50대 초가 됐을 그 장년에게 격려의 마음을 보내면서 기도하는 맘으로 그의 글을 여기에 옮긴다.

> ○○(아들 이름)에게… 우리 학교 안에서 나에게 열등감을 느끼게 해 준 사람은 너뿐이었다. 난 너를 따르려고 했다. 처음에는 성적에서, 두 번째는 친구의 마음을 끄는 것에서. 처음의 시도는 나의 완패였다. 두 번째의 것도 두 번이나 거듭 실패했다. 난 너를 무척 미워하기도 했다.
>
> 그렇지만 그것은 비겁한 패자의 태도였다. 그러나 ○○아. 나는 깨끗이 패배를 시인한다. 그리고 너를 사랑한다. 그리고 너에게 감사한다. 나의 오만한 마음에 너는 나의 유한성을 자각하게 해 주었다. 나의 태도를 용서하기 바란

다. 너의 앞길에 행운이 있기를 바란다.

그러나 나를 잊지 않기를 바란다. 다만 우리가 두 번이나 같은 배를 탔었다는 것을 핑계로 삼더라도.

1986. 12. 12. ○○

아들 친구는 당시, 중학교 3학년인데 자기 내면을 들여다보는 탁월한 안목, 성숙함이 있다. 그는 지금 어디서 무엇을 하든지 제 몫을 잘하고 있을 것이다. 다음에 아들을 만나면 그의 안부를 물어봐야겠다. 아들이 그 친구 소식을 모른다면, 아마도 그는 지금도 대기만성을 위한 연단 중이리라. 그 연단이 그의 소망을 이루어 내리라.

글 안 쓰고 왜 나오세요?

올해 김장 때. 배추 무만 농협 마트에서 사고 양념거리는 늘 상추 사다 먹는 청계산 채소 가게에서 구입한다. 밭에서 막 가지고 온 조선 파와 푸른 갓, 말린 청각, 곰삭은 새우젓 등을 사는데 갑자기 그가 내 곁으로 와서 속삭이듯이 말한다. "이렇게 바쁘니까 작가님하고 커피 한 잔 마시면서 얘기도 못 하고. 작가님과 저는 정신세계가 같은데…."

"어머나 정신세계가 같다고, 멋진 말이어요…."

작가와 정신세계가 같다는 말은, 흙 묻은 파 뿌리나 억세게 자란 토종 갓 만지면서 할 말은 아닌 것 같다. 그래서 더욱 멋있는 말. 나는 한마디 덧붙인다. "정신세계만 같나, 영(靈)적인 세계도 같지." 그는 신학을 공부한 여인.

"그런데 글을 어떻게 그리 많이 쓰세요?" "하나님이 소재를 주시니까 쓰지요." "그런데 요새는 왜 글 안 쓰고 나오세요?" "글 쓰다 바람 쐬러 나오는 거지요."

밝고 환한 여인. 작가와 정신세계가 같은데, 커피 한 잔도 못 마셔 아쉽다는 그가, 오늘 내 글 소재가 된다.

동생에게 야단맞고 서 있는 나

동생이 누가 준 대추를 준다고 해서 집 앞 지하철역 출구로 나갔다. 동생은 나를 보자 곧 말한다. "옷이 이게 뭐야. 이거 얇은데, 두꺼운 걸 입어야지… 내가 아까 날씨 추우니까 옷 단단히 입고 나오라고 말한다고 하면서 안 했더니… 장갑도 안 끼고. 장갑 없어?" "있어, 네가 준 것."

"난 5개나 되는데 나중에 와서 골라 가… 이거, 배추 좋은 게 있어서 겉절이 한 거고. 위에다 굴(무친 것) 좀 넣었어." "굴은 네가 먹지… 네 겉절이 솜씨는 대단하더라. 언제 한번 배워야겠다. 그때 아버지 신촌 세브란스에 입원했을 때, 네가 가지고 온 겉절이는 지금도 생각난다."

동생은 가고 나는 야단맞고 난 선머슴애처럼 잠시 서 있다. 날씨 추운지도 모르고 얇은 옷 입고 밖에 나가 놀다가 꽁꽁 얼어 가지고 들어와서 엄마한테 꾸중 듣는 아이처럼. 동생이 내 어머니처럼 보이면서… 그래도 어머니는 동생보다 부드럽고 연한 목소리였지… 어떻든 동생 나무람은 언니 보살피는 보호자의 나무람. 동생이 내 언니 같다. 고맙다.

밥 잘 먹고 잠 잘 자라고 하지만

한 며칠, 밥 잘 먹고 잠 잘 잤더니 글을 통 못 쓰고 있다.

어제 저녁엔 고구마 먹은 게 얹혔는지 자다가 깼다. 새벽 1시 반쯤. 발효시켜 둔 매실즙 마시고, 커피 한 잔 들고.

거실에 불을 켜서 그림들을 보고. 목사님 설교 말씀도 듣고… 비로소 집중할 수 있어서 새벽까지 글 3편 썼다.

밥 잘 먹고 밤 10시에 자고, 아침 6시에 일어나니 몸은 좋아지는데 글이 안 써진다. 밥 잘 먹고 잠 잘 자니, 낮에도 어지럽지 않아서 글을 써 보려고 했지만 안 된다.

책은 읽을 수 있는데, 글은 써지지 않는다. 글 쓰기는 독서보다 더 고도의 집중력, 몰입, 내 진액을 요구한다.

주부인 나는 조용한 밤중이나 고요한 새벽 시간에만 집중 몰입할 수 있다. 그 시간은 몸에 꼭 필요한 수면 시간.

그러므로 나는 밥을 못 먹고 잠을 못 자면서 글을 써야 한다.

글이 쉽게 써진다는 것은 독자들에게 예의가 아니다.

내 글로 감동받은 자, 한 사람만 있어도

"…내 가르침, 생각(글)으로 감동받는 사람이 과연 있을까. 만약에 한 사람이라도 있다면 그는 훌륭한 일을 해 낸 것입니다. 사람의 생각으로 감동받는 것 아닙니다. 참으로 중요한, 세상 밖—일상적인 삶을 넘어서는—진리(眞理)에 의해서만 감동받는 것입니다."

이 말처럼 내게 위로가 되는 말은 드물 것이다.

나는 내 글로 감동받은 한 사람을 가지고 있으니까. 다른 누구도 아니고 바로 나. 내 글을 쓰면서 내가 감동받고 있다. 내 글에 처음 감동한 자가 그 글 쓴 작가인 나, 라니… 우습게 생각할지 모르지만 사실이다. 나는 글을 쓰면서 감동받으면서 쓴다. 전적으로 내가 쓴 게 아니기에 그렇다.

사람은, '참으로 중요한, 세상 밖—일상적인 삶을 넘어서는—진리에 의해서만 감동받는 것…'이라고 했듯이,

내 글은 부족하지만 대부분 진리(예수님)에 대한 글, 일상이지만 일상적이지 않고 사소하게 보이지만 사소하지 않고—세상 애기지만 하늘나라에 대한 애기라고 생각한다. 감히.

아침을 새롭게 낮도 새롭게

어느 날, 아침 식탁에서 남편이 말한다.

벽에 걸린 온도계 밑에 있는 꽃을 보면서.

“나는 온도계 밑에 있는 저 꽃이 생화인 줄 알았네.

자네가 조화(造花)라고 하니까 알았지 감쪽같이 몰랐네… 솔거(신라 시대 화가)가 새의 눈을 속이듯이, 요새 조화는 사람 눈을 속이는구만.”

“어머 어머 멋져라. 신라 시대 솔거요. 솔거가 그린 황룡사 소나무 그림 위에 새들이 날아와서 머리를 찧었다지요. 진짜 나무인 줄 알고. 그러니까 새의 눈을 속인 셈이네요… 그런데 어찌 이 아침에 저 꽃을 보면서 신라 화가 솔거 생각을 했느냐, 그 말이어요. 그것이 알고 싶네요. 참 당신은 연상(聯想) 작용이 뛰어나네요….”

무덤덤하게 지나가는 아침이 솔거 얘기로 신선해지면서 남편이 매력 있어진다.

점심 후, 남편은 서울대공원에 간다고 외출 준비.

품이 큰, 검정 바탕에 등판과 앞판 한 부분은 붉은색인

파격적인 점퍼를 입고. "그 점퍼 멋있네요."

"당신이 어디서 갖다 주었지."

보통은 소화하기 어려운 상당히 화려한 점퍼에 감색 야구 모자 쓰고 나오니, 체격이 큰 남편이 장군 같다.

"어머 당신 맥아더 장군 같네." 남편은 아내의 호들갑에 말 않고 장군처럼 뚜벅뚜벅 걸어 나간다.

아무것도 아닌 것 같은 남편의 '솔거' 한마디가 무덤덤한 아침을 새롭게 하고, 뚱딴지같이 '맥아더 장군 같다'는 아내 한마디가 평범한 낮 한때를 즐겁게 한다.

부부는 한평생을 이야기하면서 살아간다. 희로애락(喜怒哀樂) 인생을 이야기로 풀어 가는 이야기 친구들이다.

늙었다고 사랑하는 마음 빠지는 것 아니다

불광동에 사시는 하해수(94세) 님의 전화다.

"선생님 책에 두 번이나 나와서… 저는 아무것도 없어서… 가슴이 뜨겁고 벅차서 말로 못하겠네요… 전철에서 선생님 손길로 쓰신 게 더 소중하고 기쁘고 만지고 싶고. 다른 글도 선생님 손길이 닿았지만 그건 기계로 다 빠져나온 것이고. 전철에서 쓴 글은 선생님은 삐뚤삐뚤(삐뚤빼뚤)하다고 했지만 하나도 삐뚤삐뚤 안 하고 좋고, 내가 옆에다 놔놓고… 하루 몇 번이라도 만지고 사랑하고 있습니다.

내 맘대로 욕심을 부렸는데 잘 부렸다고 생각합니다.

나 하고 싶은 말 다 하고… 선생님 행복을 주셔 가지고 감사합니다. 맘에서 기쁘고, 그게 행복이지… 안 만나도 언제라도 입에서 나오고….

선생님 책, 죽을 때까지 곁에 놓고 내 보물이라고요.

책에 다 올라도, 다른 사람들은 몰라도, 선생님 저는 보물이고 보약이라고요. 제가 애기 같아도 아무한테나 정(情), 사랑 주지 않아요. 혼자 살아서 조심하며 살았어요.

바른길로 살고 싶다고 살았어요.

나이(94세)는 있어도 안즉(아직) 맘은 젊고, 사랑하는 마음은 늙었다고 빠지는 것 아닌데….

제가 차분(찬) 편인데 내 맘에 좋은 사람한테는 이리 안 잊고 애기 같으니….”

‘사랑하는 마음은 늙었다고 빠지는 것 아닌데….’

‘제가 애기 같아도 아무한테나 정, 사랑 주지 않아요.’

94세 답지 않게 젊고 건강한 의식을 가진,

‘사랑스럽게 아름다운’ 하해수 님.

작가님 글은 밥 같아요

"작가님 벌써 새해가 시작된 지 7일이나 지났네요. 이 추위에 건강하게 지내시지요? …작가님 책은 읽어도, 읽어도 질리지 않아요. 제가 며칠 전에 생각이 났는데요. 꼭 밥 같아요. 밥은 매일매일 먹어도 질리지 않잖아요. 그래서 저는 작가님 책을 밥이라고 정의할래요. …하해수 님, 너무 영혼이 맑고 순수하시네요. 감동이에요… 또 '못된 아내 잘된 아내'에서 선생님(남편) 또 감동, 감동입니다. 43권 3번 이상 읽었어요. 그러니까 밥, 이라는 표현이 맞지요… 44권도 무난하게 탄생? 하시길. 작가님 저와 공통점 찾았어요. 드라마 영화에 아기 출산하는 장면 저도 못 보고 안 봐요…" 독자 A님이 보낸 편지다. 그의 글은 담백, 간결하면서도 꾸밈 없고… 하해수 님, 남편 이름까지 언급하는 구체성으로 실감을 주고. 내 책, 3번 이상 읽었다는 '심도 있는 진심' 작가에게 호감도 준다. 내게 관한 글이지만 내 객관적인 평(評)이다… 그의 많은 독서, 진실한 삶이 만들어 낸 자연스런 글. 누구나 쉽게 쓸 수 있는 글 아니다.

아내는 눈에 보이는 하나님이라고요?

영암에서 과수원 하시는 서 선생님 독후감은 언제나 독특하다. 이번에도 그렇다.

"기 선생님, 믿음이 따라갈 수가 없이 높아진(?) 것 같네요… '아내는 눈에 보이는 하나님'이라고 해서 내가 아내를 유심히 지켜보았어요."

서 선생님은 내 글을 한 구절 한 구절을 심상히 넘기지 않고 자세히 보고 삶 속에서 실천하려고 하는, 나에 대한 신뢰가 있으신 분이다. 나에 대한 신뢰라기보다는 하나님 말씀에 대한 신뢰라는 표현이 정확하다.

"아아, 아내는 눈에 보이는 하나님이라는 말씀, 제 말이 아니고 어느 목사님 말씀이어요."

"…제가 아내를 유심히 지켜보았습니다… 초등학교 다니는 손자 손녀 넷이 오후면 이리로 와서 저녁 먹고 각자 집으로 갑니다(아들, 딸이 직장인). 아내가 저녁을 먹이고 나선 홍시를 먹이는데, 숟가락으로 떠서 주면 받아먹어요. 제비 새끼들같이. 그때 손자 손녀들은 얼마나 좋아하고 아내도 얼마나 좋아하고 행복해하는지… 그 모습을 보고 있으면 하나님이 우리들을 사랑하는 모습을 보는 것 같습니다.”

“그래요. 아내는 사랑하는 마음이 가득해서 힘든지도 모르고 넷이나 되는 손주들을 그렇게 즐겁게 거두시지요.”

아내, 어머니, 할머니 사랑은 하나님 사랑의 그림자.

눈에 안 보이는 하나님의 사랑을, 눈에 보이게 실현하고 있는 하나님의 대리인들이다.

뽀로통한 얼굴의 이웃에게

쓰레기 버리는 날. 승강기 안으로 들어가니 젊은 여자가 커다란 쓰레기 봉지 세 개를 앞에 놓고 약간 뽀로통한 표정으로 나를 쳐다본다. 요새 젊은이들은 웃음이 없고 노인을 보는 시선이 무례할 정도로 냉랭하다. 약간 경원시하는 표정으로 귀찮고 성가신 존재로 여기며 피하려 들기도 하고.

이 여인도 그런 표정. 그들 생각에 노인이란 느리고 답답하고 걸리적거리는 케케묵은 골칫덩이로 아는 것 같다.

순간, 그 뽀로통한 표정에 나도 엷은 불쾌감이 지나간다.

그러나 나는 이 아파트 어른이다. 어른 노릇 해야 한다. 곧 1층이다. 나는 얼른 "내가 하나 들어다 드릴게요." 커다란 쓰레기 봉지 한 개를 들고서 현관 밖 쓰레기 버리는 장소에 놓는다. 그녀가 남은 쓰레기 봉지 둘을 들고 뒤따라오면서 하는 말. 알아보게 목소리가 부드럽다. "괜찮은데… 고마워요. 고마워요." "이웃인데 들어 드리는 것 당연하지요."

여자는 뽀로통한 기 가신 얼굴로, "안녕히 가세요" 한다.

'뽀로통한 얼굴'도 내가 먼저 친절하니, 부드럽게 펴진다.

시월은 너무나 아름다운 계절입니다

"작가님!! …10월에 뵙겠다고 말씀드렸는데 시월이 다 가고 있어요. 너무나 시월은 아름다운 계절이에요."

인천 독자의 문자 편지 받고 보니, 오늘은 시월 마지막 날. 이날을 그냥 보내면 그에게 예의가 아닐 것 같아서… 그날 오후에 송내역에서 그를 만나 길가 공원에 앉았다.

아스라한 가로수 단풍 터널을 바라보면서 꿈같은 이야기를 나눈다. 도시의 길가 공원에서 시월의 아름다움에 잠긴다. 우리 옆 서너 발짝 떨어진 곳. 꼼짝 않고 앉아서 생각하는 젊은 여인, 이 가을을 생각하는 계절로 만들고 있다.

그가 낯설지 않고 옆에 앉아 있는 친구 같아서, 그가 내 얘기 다 들어도 좋다고 생각하면서 맘 놓고 독자와 얘기한다… 그날 밤, 독자에게서 온 문자 편지.

"댁에 잘 가셨지요? 시월이 가기 전에 뵈어서 참 반가웠습니다. 시월은 너무나 아름다운 계절입니다…."

"시월이 아무리 아름다운들 겨잣빛으로 남아 있는,
오늘의 당신보다 더 아름다울까…."

연세도 있으신데 체크무늬를

어제, 젊은 친구 만날 때 내가 입고 간 바지는 친구가 두 개 사서 하나 준 것. 체크무늬가 맘에 들어 9천 원 주고 산 바지지만 9만 원짜리보다 더 아껴 입는다. 젊은 친구는 내 바지를 가만히 만지면서 말한다. "연세도 있으신데 체크무늬를…." 나를 깜짝 놀라게 하는 말이다.

나는 내가 '연세 있다'는 생각은 보통 잊고 산다. 누가 '어르신'이라거나 '연세 있으신데…' 하면 기겁(?)한다. 나는 몸은 노년일지 모르나 의식은 노년도 중년도 소녀도 아니다. 수줍은 여린 생명, 한 인격체다. 몸 어디가 아플 때에야,

'아 내가 나이 80이지' 하다가도 곧 잊어버린다. 그래서 상식인들 눈에는 내가 꼴불견일 때도 많을 것. 특히 완벽한 상식인 남편 눈에는 걸리는 게 하나둘이겠는가. 내 꼴 다 봐 주다 늙은 남편. 며칠 전 남편이 무심코 한 말. "많이 참고 살았지…." "그렇게 많이 참고 살았어요? …."

혼자 54년 조용히 삭인 남편의 슬픔. 하고 싶은 일,

하고 싶은 말— 다 하고 산, 내가 짐작이나 할까.

늙은 어머니가 뭐가 좋겠어요

대개의 남자는 무조건 예쁜 여자를 좋아한다고 한다.

늙고 추해진 모습의 엄마는 연민은 가지만 대면하기는 싫은 아들들. 안 보는 데서는 울기도 하지만 정작 대면하면 짜증이 나는 늙은 엄마. 어떤 친지(86세)의 체험담이다.

"인천 사는 아들 내외가 반찬 해 갖고 온다는데 그만두라고 했어요. 코로나로 아들도 안 만난다고 말은 그렇게 했지만, 실은 인천에서 여기까지 기름 값이 얼마요? 와서는 하루 종일 앉았다만 가요. 늙은 어머니가 뭐가 좋겠어요."

그 아들은 꼭 쓸 말만 하시는 어머니가 어려워서, 말없이 앉았다가만 갈까? 허드렛말 많이 하는 나는 아들들이 더 안 좋아할 것. 그 친지는 말한다. "아들이 86세가 안 돼 봤는데, 나를 어떻게 알겠어. 모르는 거야." 명언이다.

70대(여) 친지의 솔직한 말도 들었다. 그 친지는 교회에서 식사 담당인데, 90대(여) 노인들이 자꾸 말 건네면 대꾸하기 싫어서 피해진다고… 늙으면 입 꽉 다물고 침묵해야.

자녀들도 싫어하는 늙은이를 어느 남(타인)이 좋아하겠는가.

나 쓸 땐 아끼고 남에겐 안 아끼고

동생 손녀(6세)가 놀이터에서 늘 도전하는 운동 기구가 있다. 높다랗게 가로로 놓인 긴 장대 같은 걸 두 손으로 짚고 이동하는 운동 기구. 6살 손녀는 잡고 가다가 중간에서 손을 놓아 버린다… 그날은 끝까지 갔다, "성공이다!"

동생이 말한다. "언니, 어린애가 끝까지 포기 않고 도전하는 그걸 칭찬해 주고 싶었어. 돈 얼마 봉투에 넣어서 '우리 손녀 용기 짱!' 하고 써서 줬어. 저금하라고. 돈, 두면 뭐하겠어. 필요할 때 써야지." "그래 노인은 지갑을 많이 열어야 한다지. 영어로 페이 업(pay up)." 이 얘기, 옆에서 듣던 오빠가 말한다. "돈이란 없어도 쓰는 사람 있고 있어도 안 쓴 사람 있다. 일혜는 없어도 쓰는 사람이다."

"언니는 대책 없이 쓰지. 나는 그렇게 대책 없이 쓰진 않아." "맞아. 나는 대책 없이 써." 그러나,

나도 내 나름, 돈 쓰는 기준, 대책이 있다 — 나 쓸 땐 아끼고 남에겐 안 아끼고 — 내가 실용적인 대책 못 세우니,

땅에선 남편이 고생, 위에선 하나님이 머리 아프시고(?).

크래커 두 봉지의 위로

코로나로 외출을 자제하고 있으니,

부모님 운동하라고 아들이 실내 자전거를 구입했다.

그날, 자전거 조립하는 청년은 오후 1시 넘어서 왔다.

나는 그에게 묻는다. "점심 드셨어요?" "아직 안 먹었어요."

"라면이라도 하나 끓여 드릴까요?" "코로나로 안 돼요."

그는 부모님과 아이 셋을 두고 사는 젊은 가장. 그때가 오후 1시 넘었는데 앞으로 8집을 더 가서 조립해야 된다고 (얼마나 배가 고플까?). 일반인이 조립하면 3~4시간 걸리는데 그는 30~40분 걸린다고. 일을 마친 그에게 커피와 크래커를 내놓으니, 크래커만 두 봉지 들고 급히 나간다.

그가 가자, 남편이 내게 묻는다. "왜 점심 먹었느냐고 물어?" "안 먹었으면 라면이라도 끓여 주려고요." "그 사람이 어련히 알아서 할까. 당신은 쓸데없는 일에 참견한다고."

그게 쓸데없는 일일까? 사람 눈에는 쓸데없는 일 같지만 내 마음으론 아니다. 그가 들고 간 크래커 두 봉지 — 점심도 굶은 그를 위로하고, 그를 그냥 보낸 나를 위로한다.

누구의 울먹임이든 내게는 남아서

어제, 어느 친구를 만났을 때, 친구가 아들 생일날 문자 편지 보냈다는 말 하면서 서럽게 울먹인다. 그 아들 낳았을 때가 가장 행복했다고 하면서… 돌아다보니 행복하고 슬픈 인생… 무슨 울먹임이든 내겐 다 남는다…. 오늘 아침 그 친구에게 전화한다. 우리 집에서 점심이나 같이 들자고.

보리밥 콩나물에 두부 굽고 가지, 표고전에 낙지젓, 상추쌈에 커피 한 잔. 친구는 점심 잘 들고 갔다. 오늘 저녁 내가 잘못 눌러서 친구와 통화하게 됐는데, 그는 오늘 내 집에서 점심 들고 하루 종일 기분이 좋았다고.

기분은 사람 생명 근원인 마음을 지배하기도 한다. 기분 좋은 날은 너그럽고 후해지고 생기가 나고, 기분 나쁜 날은 까탈만 부리고 짜증 내고 무례하고 용서가 없어지면서 잔인해지려고 한다. 기분은 지나가는 산들바람 같지만 '마음'이란 걸 해살 지으면서 좌지우지하기도 한다. '기분에 죽고 기분에 산다'는 기분파도 있다. 기분파도 좋고 아니어도 좋고… 다 내가 품고 안아 주고 사랑해야 하는 내 이웃이다.

감방(병실) 323호에 갇혀서

오늘, 아침을 들다가 어느 독자(50대?)의 문자 편지 보고 잠시 일상을 중지하고 있다. 이런 두려운 일들이 얼마나 많이 일어나고 일어날 것인가. 우리의 믿음을 시험하면서.

독자의 문자 편지가 모든 것을 다 말하고 있다.

내가 더 무슨 말을 하리요.

> 작가님~!! 주의 풍성한 사랑을 힘입어 코로나19 양성 판정 격리 12일째를 맞이합니다.
>
> …멈춰야 보이는 것들, 아파야 깨달은 것들, 고요해야 들리는 것들이 저에게 소중한 선물이 되었습니다… 갑자기 제게 닥쳐온 시간 속에, 가장 먼저 챙겨 나온 게 낡은 성경책이랑 기일혜 수필집 43『세상에서 가장 애교가 많은 여자』를 싸 들고 감방(병실) 323호에 갇혀… 읽고 또 읽어 제 마음에 평안과 큰 위로가 되어, 나눕니다….
>
> 사람 하나가 하나님 눈높이, 창조 목적에 맞게 자라려면 끝없는 연단인 고난이 필수적, 사랑하는 자녀일수록 강도

높게 단련시키신다는 것. '힘든 인생'은 날마다 새로워지는 거룩한 인생~ 거룩한 인생이 나의 꿈이 되어야 함에 힘을 얻습니다. 하나님이 원하시는 '거룩한 사람' 되기 위한 재료들 눈물 아픔 회한…… 보이지 않았던 것들을 볼 수 있음에 감사합니다.

나를 만들어 가는 시간임을 분명 깨닫습니다. 잠시나마 멈춰 버린 작은 감방에서의 나의 삶이 더 더 더~ 풍성하게 살아 있는 삶이기를 소망해 봅니다.

저에게 작가님의 수필집은 위로와 힘이 되기에 오늘도 내일도 품고 있어야 할 이유입니다… 작가님~ 많이 놀라지 마세요~ 전 건강하게 잘 견디고 있습니다.

혹시 너무 놀라서 없는 힘 빠지면 안 돼요~.

"하나님. 이 독자가 코로나 이기고 가족 품으로 돌아가서 맡은 사역(목사님 사모) 잘 감당하게 하소서."

(독자는 23일 간 격리 생활하다 완치되어 건강하게 귀가했다.)

3부

옳은 일 하고 고함지르지 마라 1

첫눈이 펑펑 쏟아져요

새벽에 일어날 때는 눈이 안 왔는데 글 쓰다가 보니, 눈이 하얗게 내렸다. 내가 본 올해 첫눈. 안방 문을 살며시 열고 말해야지 하고 나가는데, 남편이 거실로 나오는 소리.

"왜 이렇게 일찍 나와요." "눈이 왔잖아." "내가 먼저 당신한테 말하려고 했는데…." "류 선생한테서 문자가 왔어."

"어머 그래요. 이렇게 일찍, 그 연세에 참 멋지시구나… 당신, 그런 귀한 분과 우정 잘 지키세요. 신의(信義) 잃지 않게. 신의란 단 한 번의 잘못에도 무너진대요."

얼마 뒤, 남편 핸드폰에서 류 선생님이 보낸 글을 본다. 흰 눈에 쌓인 나무 한 그루 서 있고, 그 밑에 글이 적혀 있다. "눈이 펑펑 쏟아져요. 제일 먼저 알리는 거예요. 기쁨 가득한 주일 되세요(2020. 12. 15. 6시 28분)."

새벽에 펑펑 쏟아지는 눈을 보셨구나. 내 마음에도 펑펑 눈이 내리면서, '펑펑'이라는 말이 가슴으로 온다. 언어 하나도 내게로 와서 나와 만날 때가 있다. '펑펑'이라는 부사(副詞)가 비로소 내게로 와서, 내 언어로 다시 태어난다.

96세(여) 독자의 시(詩)

내 오랜 독자이신 은퇴 교수님께 오랜만에 안부 전화 드린다. 생기 나는 목소리로 써 놓은 시가 있다고 읽어 주신다. 「나목(裸木)」이라는 시 한 부분을 여기에 옮긴다.

> 맨 몸으로 / 실오라기 하나도 걸치지 않고 / 대로변 수많은 군중을 대하면서도 / 당당하게 서 있는 네 모습은 / … // 죄짓고 난 후의 아담과 하와는 / 벗은 몸이 부끄러워 / 무화과 잎으로 몸을 가렸다는데 / 네 어찌 그다지 평안할 수 있더냐 // 죄 용서받은 자의 평안과 안식 / 세상이 알 수 없는 / 보배로운 축복 누리고 있구나 // … //

「나목」 시를 쓴 96세 독자는 은퇴하신 교수님.
그에게 시 쓰시라는 희망을 드린다.
교수직엔 은퇴가 있어도 시 쓰기엔 은퇴가 없다.

70억(?) 인류 중에서 오직 하나뿐인 당신

나는 외출 앞두고 조금 들떠서 친구의 전화 받는다.

"오늘 저녁에 아들 집에 가요. 남편 생일이라고."

친구는 잘 다녀오라고 하고 얼른 끊는다.

다음 날 아침, 어제 전화한 친구에게 전화한다. 남편 생일이라 아들 집에 간다는 말로, 친구에게 전화 끊게 한 내가 무례하게 느껴져서. "…어제 제가 무례했어요. 당신을 너무 믿고. 그래도 어제 제가 아들 집에 간다는 들뜬(?) 얘기,

당신에게는 안 했어야 했는데…."

"무슨 말씀을 하시나…? 오늘 아침 나는 '기일혜 씨는 어제 아들 집에 다녀오셨나…' 영육간에 잘 사시는 분이다. 저런 분을 알 수 있어서 감사한다.

내가 평생 살면서 잘한 게 하나도 없는데, 그거 하나라도… 그거 하나(기일혜를 알고 지낸 것)는 잘한 것 같다고 했는데요."

나는 어안이 벙벙해서 이 말만 한다.

"당신은 70억(?) 인류 중에서 단 하나뿐인 하나님의 사람입니다."

사람은 남이 울 때, 함께 울 수는 있지만, 남이 즐거울 때, 같이 즐거워하긴 어렵다고 한다.

사람 마음 만드신 하나님이 사람 마음 오죽이나 잘 아셨으면 로마서에서 이렇게 말씀하신다. "즐거워하는 자들과 함께 즐거워하고 우는 자들과 함께 울라"(로마서 12:15).

즐거워하는 자들과 함께 즐거워하라는 말씀을 먼저 하신다. 인간은 그게 더, 어려우니까.

30만 원 은행 빚이 3천만 원 되다

어느 청년이 30만 원 은행 빚 이자 못 갚고, 결국 제2금융권, 제3금융권으로 밀려, 빚이 3천만 원(?)이 됐다고.

못 먹고 일하다 쓰러진 적도 있고… 이 나라에 그렇게 빚에 발목 잡혀 감옥 같은 청춘 보내는 청년들이 많다는 것.

전문가는 제도적 결함을 이유로 든다. 나는 내 잘못으로 생각돼, 그 청년의 배고픔과 고달픔 외로움이 문득문득 쓰라리게 생각난다. 어떻게 해야 할까… '가난이 아름답다'고 한 내 말도 사치로 들리는 지금. 생존이 위협받는 그들에게 할 말이 없다. 내가 만들 수 있는 가난을 만들면서, 최소한 그들에게 분노를 일으키고 절망하게 하는 삶은 안 살아야지… 가난한 자에게 복이 있다 하신 주님을 애타게 불러본다. 주님 그 청년을 어찌하시렵니까! … "예수께서 눈을 들어 제자들을 보시고 이르시되 너희 가난한 자는 복이 있나니 하나님의 나라가 너희 것임이요 지금 주린 자는 복이 있나니 너희가 배부름을 얻을 것임이요 지금 우는 자는 복이 있나니 너희가 웃을 것임이요"(누가복음 6:20~21).

내 약속 어김도 쓰시는 하나님

책이 나와서 '힘든 인생'의 독자 A 님에게 소식 알린다.

"책(43)이 나왔어요…."

"내일 오전 10시에…"라는 그의 답글이다.

내일 오전 10시에 책 10권 들고 집 앞 지하철역으로 나가서 그를 만나야지 하다가 깜박, 아니 새까맣게 잊고 못 나간다.

글 두어 편 쓰고 산책하고 들어와서 늦은 아침 차리고 있는데 내 방에서 스마트폰 소리, 받아 보니 A 님 전화다.

시간은 10시를 지났고.

"어머! 어머! 어쩌면 좋아요, 제가 깜박했어요… 아파트 쪽으로 올라오셔요. 제가 지금 나갈게요."

말을 해 놓고, 아무리 코로나로 비대면 시대라지만 이 겨울에 몸도 못 녹이고 돌려보낼 수가 있나, 이른 아침에 서울 근교에서 두 시간이나 걸려 오셨는데… 내가 당황하면서 우왕좌왕하자 남편은 들어오시라고 해서 차 대접하라고.

그를 내 방으로 모시고 차 대접하고 책 10권 드리려다 5권 더 보태 드리고, 집에 있는 인천 친구가 주신 건강빵도 다 넣어 드린다… 얼마 뒤, 그가 집에 돌아가서 보낸 문자 편지다.

> 작가님 이제 집에 왔어요. 지하철 타면서 책 바로 읽기 시작해서 온수역까지 시간 가는 줄 모르고 왔네요. 제목 「남편 친구가 보낸 독후감」 제 생각에도 100프로 동감입니다~ 저도 항상 그런 생각을 했는데 어쩌면 딱 맞은 표현.
>
> 그리고 저를 그렇게까지 환대해 주셔서 너무 몸 둘 바를 모르겠습니다… 저는 민폐(民弊) 될까 봐, 계속 안 받으시면(전화) 문자만 드리고 그냥 가고 다음에 올까 했어요.

환대란 무엇일까?

내 마음 가장 윗자리에 그를 모시고 대접하는 것. 그가 잘 보았다. 나는 몇 시간 전, 그가 내 방에 머문 30분 동안 종처럼 그를 섬겼으니까. 평소에도 상대방을 종처럼 섬기는 버릇 있는 내가 약속을 어겼으니 얼마나 더 그의 밑바닥 종이 되었겠는가. 환대란 무엇일까? … 다시 생각한다. 내게 있는 좋은 모든 것(마음, 물질)으로 주님께 하듯 그를 섬기는 것이다.

내 집에 오시는 손님에게 그렇게 환대하면 이상하게도 내가 더 설레면서 즐거워진다. 이웃 사랑하는 건 곧 나를 사랑하는 것. 어제 약속 못 지키고 얻은 내 마음의 수확이다.

내가 약속 지켜 10시 전에 나가서 그에게 책 10권 건네고 들어왔다면 어제의 '환대'가 이뤄졌겠는가.

어제 약속 시간, 까맣게 잊고 실수하면서 진정한 환대에 대해 배웠다.

내가 약속 어긴 것도 쓰시는 하나님.

무엇을 두려워하겠는가.

내 실수, 실패도 이렇게 잘 쓰시는데.

환대(歡待)는 사랑이다

어제, 내 글 쓰는 방에서 A 님을 환대하는 그 와중에도 나는 그에게 부탁한다. A 님에 대한 글(43집) 「단호박 두 개 가지고 오신 친구」를 지금 읽어 보라고. 내가 그의 '마음을 읽고' 쓴 글이라 어떻게 받아들일지, 불안하고 민망하기도 해서… 나는 그가 몰입해서 읽도록 방 밖으로 나가 준다.

한참 뒤, 다시 방 안으로 들어온 내게 그는 말한다.

"내 마음을 꼭 집어서 아셨네요."

"그래요. 제가 안 것 아니고 주님이 알게 하셨지요."

내가 사람 마음을 읽어 주는 작가로서 자격이 있나 없나, 검증받는 느낌이다. 그의 독후감은 안심을 준다. 사람 마음을 읽으려면 사람 만드신 분을 인격적으로 믿고 그분 말씀대로 살면 될까…? 어느 목사님이 '나는 하나님의 마음을 읽어 주는 사람이 되고 싶다'고 했는데 나는 '인생의 마음을 읽어 주는 사람'이 되고 싶다. 사람의 마음을 읽으려면 그 사람을 '환대하고' 그를 성심 다해 대접하는 사랑하는 마음이 있어야… 그러므로 환대는 사랑의 다른 표현이다.

힘껏 일해야, 힘이 나는 인생

청계산 채소 가게에서 가을무 2단을 샀다.

한 단이 짚단만 하다. 전에 사다 담근 가을무 김치가 맛있어서 남편에게 부탁해서. 한 열흘 동안 가을무 뿌리, 이파리도 많이 자라서 담그려면 작은 김장. 대형 스테인리스, 플라스틱 통 3개 내다가 씻고 간하고, 3시간 이상 일한다.

남편은 야구 시합을 보고 있고… 기아와 두산 경기. 남편은 경기하는 투수, 타자들을 코치하고 있다. "저런, 저런! 치지 말라니까 치고, 삼진 아웃! 병살타다! ⋯."

야구인들 쉬울까. 최고 선수도 타율이 3할 정도, 10번 나와서 3번 치면 잘 치는 것. 못 친 7번을 감내하는 게 선수 실력이라고. 어느 선수는 못 치고도 씨익 웃고. '다음에 보자.' 어느 선수는 방망이 던지고. 대개는 덤덤히 떠나가고. 선수들은 매 경기마다 열 번 치면 7번의 좌절, 절망을 이겨내는 힘이 있어야 한다.

짚단 같은 가을무 김치 두 단 담그는데도 온 저녁, 밤 3~4시간을 일한다. 힘껏 일해야, 힘이 나는 인생.

내 용서를 받아 주라

나는 아주 까마득히 잊고 내내 글만 쓰고 있는 아침,

며느리 전화다. "아버님 생신 축하드려요… 밖에서 외식은 못하고 집에서 간단히 차리기로 했어요."

"어머! 어머! 그렇니? …나는 그것도 모르고 글만 쓰고 있다… 내가 이런 어머니다. 용서하면서 나를 받아 줘야 한다. 하아하아하아…."

나는 부끄럽고 민망한 웃음을 만발한다.

며느리에게 내 글쓰기로 인한 실수, 다 말하는 것은 그가 이해해 주기에. 나는 며느리가 내 친구 같을 때가 좋다. 나를 시어머니로 예우하면 마음이 멀어지는 것 같아 안 좋다. 예우보다 먼저 사랑이다. 우리는 예수님과도 친구인데 시어머니와 며느리가 친구 못 되겠는가… 나는 용서하라는 말을 애용한다. 내 언어같이 편안하고 즐겁기까지 하다.

내가 용서하라고 하면 상대는 너그러워진다. 남편에게 언어 잘못 사용한다고 야단맞지만 나는 생긴 대로 산다.

종의 근성, 거지 근성 타고난 나, 타고난 대로 산다.

광주(光州) 김 선생님께

며칠 전, 어느 독자의 오라버니 된다는 79세 노신사로부터 전화받았다.

"…초면에 실례합니다. 누이동생이 선생님 책을 줘서 43권, 41권 보았습니다. 글 끝에 하나님 말씀을 넣어서… 하나님 뜻에 의해서 인생을 살아가는 분 같았어요.

글이 하나님이 내려 줘서 쓰는 것 같습니다…."

"제 글은 하나님이 내려 줘서(은혜 주셔서) 쓴 글이어요.

제 진실을 콱 캐내 버리셨어요. 잘 보셨어요… 언제라도 궁금하시면 전화하셔요. 친구에게 하듯이…."

아직 교회에도 안 나가시고 예수님 믿지 않는 분이 내 글 읽고, 하나님이 내려 줘서 쓰는 글이라고 말한다.

그분이 예수님 믿겠다고나 한 것처럼 느껴져, 나는 그만 흥분해서 '지금 천국에선 잔치가 벌어지겠구나!'

나는 급히 남편을 부른다.

"여보! 여보! 지금 천국에서 잔치가 벌어졌어요!"

"…무슨 잔치가?"

"잃어버린 한 마리 양 찾은 잔치요. 자식이 집 나갔다가 들어오면 부모가 기뻐하듯이, 예수님 안 믿던 한 사람이 예수님 믿으면 천국에서는 잔치가 벌어진대요."

나는 마태복음 18장에 있는 말씀을 요약해서 설명한다.

"너희 생각에는 어떠하냐 만일 어떤 사람이 양 백 마리가 있는데 그중의 하나가 길을 잃었으면 그 아흔아홉 마리를 산에 두고 가서 길 잃은 양을 찾지 않겠느냐 진실로 너희에게 이르노니 만일 찾으면 길을 잃지 아니한 아흔아홉 마리보다 이것을 더 기뻐하리라 이와 같이 이 작은 자 중의 하나라도 잃는 것은 하늘에 계신 너희 아버지의 뜻이 아니니라"(마태복음 18:12~14).

"하나님이 그 아들(예수님)을 세상에 보내신 것은 세상을 심판하려 하심이 아니요 그(예수님)로 말미암아 세상이 구원을 받게 하려 하심이라"(요한복음 3:17).

하나님은 세상을 심판하시려는 무서운 하나님 아니고,

어찌하든지 다 구원하시려는 사랑의 하나님이시다.

길을 잃고 헤매는 양 한 마리를 찾으면, 길을 잃지 아니한 아흔아홉 마리보다 더 기뻐하신다.

또 돈 내라고!

광주(光州) 어느 독자 님(남, 79세, 아직 예수 안 믿음) 전화받고 내가 감격한다. 내 글을 '하늘에서 내려 줘서 쓰는 글 같아요' 하는데 이분이 하나님을 믿는 것 같아 감격하고, 그 기쁨을 옆 사람에게 얼른 전하고 싶어서 급히 남편을 부른다.

그런데 이상하다. 내가 '여보! 여보!' 황급히 부르니까, 첫마디가, "또 돈 내라고! 또 돈 내라고!" 한다.

"아니, 아아니, 지금 천국에서 잔치가 났다고요" 하고 지나갔지만, 두고두고 생각하게 하는 남편의 맨 첫마디다.

'여보! 여보!' 하니까, '또 돈 내라고! 또 돈 내라고!' 하는 대답은 우리 부부를 한마디로 말해 준다. 남편에게 나, 라는 아내는 돈 달라고 급할 때만 부르는 사람… 나는 반성해야 할지 안 해야 할지 하다가 안 하기로 한다. 내가 돈을 내 일로 쓰는 게 아니라, 생명 돕고 살리는 일에 썼으니까(?).

난 떳떳하게 말한다. "…여보 나 때문에 당신 물꼬가 마른다면 하나님이 채워 주실 거예요. 그걸 믿어야 해요.

나는 쓰고 당신은 채우는 게 우리 부부의 삶이어요."

순천 북부교회 방송실에서

내가 처음 성경을 일독(一讀)하면서 사사기 읽을 때,

이 구절을 읽으면서 하나님은 영(靈)이신데 참 구체적이기도 하시구나 하면서 미소 짓던 기억이 지금도 생생하다.

"그때에 랍비돗의 아내 여선지자 드보라가 이스라엘의 사사가 되었는데 그는 에브라임 산지 라마와 벧엘 사이 드보라의 종려나무 아래에 거주하였고 이스라엘 자손은 그에게 나아가 재판을 받더라"(구약성경 사사기 4:4~5).

내가 주목한 대목은 '랍비돗의 아내 여선지자 드보라가… 그는 에브라임 산지 라마와 벧엘 사이 드보라의 종려나무 아래 거주하였고….'

실제로 있는 사실 아니고서야 이렇게 구체적으로 기록할 수가 있을까 하면서, 내 고향 동네 긴 탱자나무 울타리 집에서 살던, 바느질 잘하는 '성자 엄마'가 생각나기도 했다.

다음은 순천 이(李) 선생님이 주신 어제 오후의 문자 편지다.

"그동안 작가님의 책을 출간 때마다 제게서 선물받았던

한 분(남자)이 본인도 직접 40권을 주문했대요… 저희 교회(순천 북부교회) 방송실에서 봉사하시는 신실한 집사님이시랍니다."

'저희 교회 방송실에서 봉사하시는 신실한 집사님….'

이런 구체적인 글이 내 마음을 더 움직였을까?

그분을 그림 있는 내 거실에 초대하고 싶어진다.

어떤 분이 책 40권 주문했다고 막연히 전했다면, 나도 막연히 감사할 뿐. 그러나 전하는 이가 구체적이니까 내 마음도 구체적으로 받아들여 초대까지 하고 싶어진다.

'이것이 구체적인 것의 힘이다.'

'예수님의 영성(靈性)은 현실에 뿌리박은 영성.'

예수님의 말씀은 관념적이지 않고 실제 생활에 근거하는 지극히 구체적인 말씀이라는 뜻.

감탄하기 위해 태어난 사람

좀 이른 아침, 83세 윤진숙 님의 전화다.

"…어제 초저녁에 자다가 11시(밤)에 일어나서 책(기일혜) 읽고. 새벽까지… 밤새도록 말씀의 검(劍)이 나를 찔렀어요. 다시 태어나 걸음마 하는 것 같아요. 지금까지 헛[虛] 산 것 같고. 하나님 앞에 내 자신을 볼 때 너무 초라하고… 내 손이 지금 뜨거운 가슴을 쓸어내리고 있어요. 이 가슴이 식기 전에 전화하려고… 나는 감성이 앞서요.

해를 보면 '해야 솟아라 해야 솟아라…' 박두진 시를, 소나무 보면 '소나무야, 소나무야…' 소나무 노래를… 내가 시작하면 기숙해(85세) 씨가 받아 끝을 내요."

하나님은 사람을 만드시고 보기에 '심히 좋았더라'고 감탄하셨다. 하나님이 자기 형상대로 사람을 만드시고 감탄하셨는데, 그 인간이, 이 땅에서 감탄하며 사는 것, 당연지사가 아닌가. 창세기 1장에 있는 말씀이다. "하나님이 지으신 그 모든 것을 보시니 보시기에 심히 좋았더라 저녁이 되고 아침이 되니 이는 여섯째 날이니라"(창세기 1:31).

윤진숙 님의 아름다운 별명

윤진숙 님(83세 독자)이 자기가 좋아하는 약밥을 만들었는데 그걸 내게 좀 보내겠다고. 이미 포장 다 해 놓고 주소 묻는다니, 안 받을 수도 없고. 우편으로 보내는 수고라도 덜어 드리려고 내가 직접 받으러 간다. 지하철(7호선)로 한 30분 거리의 철산역. 기숙해 님도 나오셨다.

약밥 받고 내 책 좀 드리고 헤어지려는데, 점심 대접하겠다고 윤 여사(진숙 님)가 빠른 걸음으로 앞장서 버린다.

할 수 없이 뒤따라간다. 칸막이가 된 식당에서 점심 들고 얘기 나누는데, 윤 여사가 얘기한다. 어느 모임에서 자기 별명을 발표하는 시간인데, 그는 나가서 자기 별명을 이렇게 소개했다고. "내 별명이 보통 '장관님'이라고 하지만 그건 그렇고 그냥 감탄사, 라고 말했지."

그의 감탄사, 라는 별명에 호기심이 일어서 내가 묻는다.

"누가 그런 별명을 지어 줬어요?"

"왕십리에 있는 여학교 다닐 때, 장충공원 옆에 있는 친척 집에서 왕십리 학교(무학여고)까지 걸어 다녔어요. 그때 제가 다니면서 감탄을 잘했나 봐요. 그때 누구던가 … 그 친구가 저를 감탄사라고 했어요… 지금도 꽃을 보면 꽃 노래가 나오고, 나무를 보면 나무 노래가 나와요. 내가 노래 시작하면 기숙해 님이 옆에서 받아 주니까, 잘 맞아요.”

감탄사 별명을 가진 윤 여사와 화음을 잘 맞춰 노래하는 기숙해 님, 어렸을 때 별명은 ‘말하기 싫어하는 아이’.

지금도 말씀 잘 안 하시고… 말 잘 안 하는 친구는 감탄사 연발하는 친구를 잘 받아 준다. 두 사람이 다 감탄사면 안 되고, 두 사람이 다 말하기 싫어하면 안 된다.

‘한 배 새끼도 아롱이다롱이.’

억조창생을 다 다르게 만드신 창조의 하나님이시다.

옳은 일 하고 고함지르지 마라 1

사람은 옳은 일 하고 나면 우쭐해져서 큰소리도 치게 된다고 한다. 내가 옳고 좋은 일 하고 나면 더 낮아지고 겸손해야 하는데 나도 모르게 우월감을 가지게 된다고.

어느 야구 선수는 컨디션이 좋은 날은 상대 투수를 얕잡아 보고 경기에 겸손하게 임하지 못하므로, 컨디션 좋게 하려고 노력하지 않고 보통 수준으로만 유지하려고 한다.

그러면 투수를 존중하면서 신중하게 경기에 임한다는 놀라운 말을 들었다.

나도 만반 준비하고 강단에 오르면 내가 하는 강의가 되고 만다. 어딘가 허술한 데가 있어야 내가 낮아지고, 낮아진 마음에 주님 주시는 영감이 작용해서 살아 있는 강의가 되는데… 어느 목사님은 한마디로 옳은 일 하고 고함지르지 말라고 한다. 그분은 이렇게 말씀하신다.

"스데반이 설교 마치고 하늘을 우러러볼 때, 예수님이 하나님 우편에 나타나신 건—스데반이 고함지를까 봐 나타나셨다고요… 위대한 설교하고 나서 스데반이 고함지르면서 그들과 싸우면 그 설교 다 무효(無效)됩니다… 위대한 설교 하고 나서는 조용히 죽어야….”

스데반은 그렇게 조용히 죽었다. 사도행전 말씀이 증거한다.

“그들이 돌로 스데반을 치니 스데반이 부르짖어 이르되 주 예수여 내 영혼을 받으시옵소서 하고 무릎을 꿇고 크게 불러 이르되 주여 이 죄를 그들에게 돌리지 마옵소서 이 말을 하고 자니라”(사도행전 7:59~60).

옳은 일 하고 고함지르지 마라 2

사람은 옳은 일 하고 나면 자기 만족감에서 자기도 모르게 우쭐하고 목소리가 커진다고 한다. '말로 공 갚는다'는 속담도 있다. 옳은 일, 좋은 일 하고 나서 큰소리치면(고함지르면) 좋은 일 한 공(功), 말로 다 없애 버린다. 좋은 일 하고 말조심하라는 경고의 속담이다.

나는 어떤가. 얼마 전 친지에게 하나님 말씀,

진리에 대해서 말하다가 큰소리 내고 말았다.

「개가 풀 뜯어 먹는 소리」(기일혜 수필집 43)라는 글 중의 이 대목에서다.

"도덕은 권세가 100이면 70~80만 써야(사서삼경) 한다고 하나, 성경은 권세 100이면 그 100 다 내려놓으라고 해요" 했더니 내 얘기 듣던 친지가 발끈한다.

"당신이 그런 말 하면 남들이 뭐라고 한 줄 아세요?

'개가 풀 뜯어 먹는 소리'라고 웃어요.

당신 같은 고수나 그렇게 말하지."

이런 친지의 말에 나도 큰소리로 대답했다.

'내가 한 말은 진리라고요!'

진리를 앞세워 내가 큰소리로 말한 건 큰 잘못이다. 예수님이 싫어하신다. 친지가 내 말에 발끈해도 나는 '그래요. 그렇기도 하겠네요. 사람마다 생각이 다 다르니까요. 그것까지는 제가 몰랐네요' 하면서 그의 의견을 존중하면서 품어 줬어야 한다.

나는 그 대목에서 내가 옳은 말 했다는, 나도 모르게 파고든 교만 때문에 보기 좋게 넘어진 것.

그럴 때— 상대가 나를 반대 비난할 때, 내가 아무리 잘하고 진리에 대해서 말했어도, 상대를 넉넉하게 품어 주는 게 예수님 사랑이다. 내가 옳은 일, 좋은 일 하고 큰소리치면 역효과만 낸다. 스데반처럼 자기를 돌로 치는 사람들에게도 "…주여 이 죄를 그들에게 돌리지 마옵소서."

사람 마음으론 불가능한 일. 하나님 사랑으로만 된다.

바보는 하나님이 책임지고
똑똑이는 자기가 책임지고

아버지는 평생 바보 무능하신 남편, 가장으로 사셨다.

그러나 실력 있는 아내를 주셨다. '봉사님(시각 장애자) 마누라는 하늘이 점지한다'는 옛 속담도 있다.

내가 젊어서 겁 많고 유약하니, 남편이 출장 가면, 집에 애들 셋(아들 2 아내 1) 두고 간 것처럼 불안했다고. 그러니, 미우나 고우나 가족에게 마음 두지 않을 수가 없다.

'바보는 하나님이 책임지고 똑똑이는 자기가 책임진다'는 말이 있다. 하나님은 약자는 돕고 강한 자는 '너 알아서 해라' 안 돕는 것처럼 들리는 말이다. 그건 주님 사랑을 부분적으로 아는 말. 부모가 못살고 약한 자녀에게 맘이 더 가듯이 하나님도 약한 자녀, 실수 많고 무능한 자녀에게 더 마음을 기울이신다. 그렇다고 잘사는 자녀는 혼자 버려두는 것 아니다.

그런 이분법적(二分法的)인 사랑 가진 하나님 아니다.

부모가 어찌, 잘살고 유능한 자기 자녀를 모른다 하겠는가. 그런 부모는 없다. 혹시 똑똑한 자녀는 교만할까 봐 부모가 따끔하게 조언하듯, 주님은 똑똑한 자녀가 자기가 선 줄 알고 넘어질까 봐, 그 자녀를 징계해서 가르치기도 하지만.

그래서 '징계는 자식 만들기 훈련'이라고 한다.

열 손가락 깨물어서 안 아픈 손가락 있던가.

긴 손가락은 안 아프고 짧은 손가락만 아프겠는가. 내 몸에 붙은 손가락이라 다 아프듯, 바보나 똑똑이나 사람은 다 하나님 자녀이기에 다 아프다. 다 책임지신다. 사랑하신다.

하나님 아버지 잘못했습니다, 하고 매달리기만 한다면,

아버지 사랑을 믿고 그 품 안으로 안겨 들기만 한다면.

지금은 관계 능력 배양의 시대 1

동생 전화다. "향란 님이 언니가 준 책 두 권, 누구에게 주려고 버스 타고 멀리까지 갔다고 하네. 작가님한테 배워서 그런다고. 얼마나 순진한지 꼭 애들 같다니까."

향란 님은 꼭 책 주고 싶은 분에게, 빨리 주고 싶어서 왕복 2시간이나 걸리는 거리를 버스로 가서 전하고 왔다.

사랑엔 수고와 허비가 따른다.

오래전에 전주 근처 독자 한 사람이 나를 만났으면 한다고 해서, 다음날 급히 그를 만나러 전주까지 간 적이 있고.

더 오래전엔 이런 일도 있었다. 젊은 친구(직장 여성)가 자기 어머니가 위중하니, 자기 대신 지금 내가 가 봤으면 한다고. 그런데 갈 곳은 전남 보성. 그날 서울에서 보성까지 버스로 가야 하는데, 멀미 잘하는 나, 어떻게 할까 하고 초조하게 망설이면서도 대강 준비하고 있는데, 다시 그 친구 전화. 가까이 사는 광주 동생이 가 보기로 했다고.

그 친구는 동생도 있지만 자기 어머니가 나를 좋아한다고 내가 가 봤으면 했다. 그때, 그토록 나를 믿고 부탁하는 그를 거절하면 그와의 신의에 금이 갈 것.

약한 몸, 멀미 잘하는 내가 그날 당장 버스로 전남 보성까지— 집 식구들 밥은 어떻게 하고. 그래도 그의 부탁을 저버리지 않으려고 거절 않고 간다 해 놓고 심히 괴로워했다. 이런 내 괴로움을 하나님이 보시고 피할 길을 주셨다.

이렇게 주님이 관여해야 할 지경까지 몰고 가는 나의 성실(?)이, 그 젊은 친구와의 관계를 지금까지 유지하게 한다.

요즘은 능력이나 소유보다 이런 공감, 관계 유지 능력 배양이 더 중요한 시대라고 한다.

지금은 관계 능력 배양의 시대 2

남양주 현숙 님이 외출하려고 나가면서 음식물 쓰레기를 통에 버린다. 잘못해서 쓰레기 봉지까지 넣어 버린다.

얼른 그걸 꺼내려고 반사적으로 쓰레기통에 손을 집어넣어 꺼낸다. 외출복에 음식 쓰레기 얼룩이 묻는다. 집에 들어가서 다시 갈아입고… 현숙 님은 외출복 얼룩 묻은 것보다 봉지까지 버린 자기 잘못이 더 크게 느껴져 기어코 그걸 끄집어낸다. 생각하고 끄집어낸 게 아니라 본능적으로 팔을 집어넣는다. 내가 그에게 주목한 것은 그가 외출복 입은 것도 잊고 순간, 잘못 버린 비닐봉지 꺼내려고 팔을 집어넣는 그 무의식적 반사 행위다.

바른 생활 선생님처럼 사람 도리나 정직 성실이 몸에 밴 분이면서도, 심성 따뜻하시고… 지금도 안 잊히는 일이 있다. 눈 아주 많이 오는 날, 비 아주 많이 오는 날, 자기 집에 가겠다는 나를 오라고 하셨다. 무슨 이유를 대서라도 나, 못 오게 할 수도 있었는데… 그게 바로 현숙 님의 '관계 능력 배양'이다. 그가 오랫동안 나를 붙잡고 있는 실력이다.

햄버거 이야기

친구의 딸이 퇴근길에 햄버거 사면서 엄마 것까지 샀다. 친구는 딸이 주는 햄버거를 보자, 혼자 사는 가난한 노파가 생각났다. 그는 생활비 절약하려고 떡집에서 떡 만드는 일 거들어 주고 떡집 구석방에서 잔다.

그가 언젠가 "고기가 먹고 싶어요" 하던 말이 생각난 친구는 그날 밤, 딸이 엄마 먹으라고 준 햄버거 반쪽을 들고 노파에게 갔다(반쪽은 저녁에 들어온 남편과 나누어 먹고).

노파는 친구가 드리고 간 햄버거 반쪽을 얼마나 맛있게 먹었는지, 다음 날 밤 떡집 구석방으로 놀러 온 친구에게 말한다. "햄버거가 얼마나 얼마나 맛있는지, 천국 가서도 생각날 것 같아요…."

햄버거 2개 가족이 나눠 먹고 말았다면, 그 얘기가 이리 따스하게 전해지겠는가. 그 떡집 구석방이 아늑한 이야기방으로 그리워지겠는가….

햄버거 한 개, 나누고 또 나누는 과정에서 마음은 마음으로 스며들어서 이리도 오래 살아남는가.

동생 얼굴이 천사 같을 때

동생이 자기 차 점검하는 날인데, 우리 집에도 들르겠다고. 기다리고 있는데, 전화다. 우리 아파트 주차장으로 내려오라고. 큰 차를 점검하고 왔는데, 주차하기가 힘들다고. 나는 미안하고 반가운 마음으로 지하 1층 주차장으로 간다.

동생이 서 있다. 동생 얼굴이 천사 같다. 나는 놀라서 말한다. "네 얼굴이 천사 같다!" 내 놀라는 말에도 동생은 담담하고. 차에서 내게 주려는 짐만 내려 주고 간다. 동생 보내고 집에 와서 보니, 알타리김치, 파김치, 보리굴비, 다른 생선, 집에 있는 생선 다 털어서 들고 온 듯… 그래서 동생 얼굴이 천사 같았나? 즉시 동생에게 전화한다.

"아까 네 얼굴이 천사 같더라. 그렇게 평안할 수가 없더라. 아마도 네가 집에 있는 걸 다 털어서 가지고 왔으니, 그렇게 천사같이 보였구나."

어머니처럼 말수가 적은 동생은 듣기만 하고… 우리는 천사보다 나은 존재인 하나님 자녀. 천사는 우리 심부름꾼,

동생은 그날 하나님 심부름으로 내게 온 천사가 아닌가.

맞춤법 틀리게 써서 보낸 글이 따뜻하다

어느 분이 나와 약속했다. 그날 밤 내 전화받기로.

그런데 아무리 전화해도, 문자 보내도 답이 없다.

얼마 뒤, 그가 내 전화 못 받은 정황을 설명하면서 보낸 문자 편지다. "네 제가 가끔 일찍 잠들 때가, 몸도 속도 좀 않(안) 좋을 때가 있고 항상 폰(스마트폰)을 무흠(무음)으로 해 놓고 있어요…."

아직도 몸을 다 추스르지 못한 글이다.

그런 글이 이상하게 더 따뜻하게 전해진다. 꾸밈이 없다는, '있는 그대로'여서 그럴까. 어떤 완벽한 맞춤법 글보다, 맞춤법 틀린 그 글이 더 따뜻하고 편안하다.

나는 작가니까 가능한 한 맞춤법에 맞게 쓰려고 하지만, 같은 말도 맞춤법에 가두면 딱딱해질 때가 있다. 맞춤법도 국어학자들, 사람이 만든 법. 맞춤법은 때로 우리의 감정이나 마음, 개성을 무시한다. 우리들의 내면을 자연스럽게 표현하지 못하게 한다. 문법에 맞춰야 하니까.

법(法) 지키다 본질을 흐리기 쉽다. 법보다 본질이니, 둘이 심각하게 부딪힐 땐 법이 양보해야 한다.

"표준말은 화단의 꽃 같고 사투리는 야생화 같다… 우리 국어의 폭을 넓힐 필요가 있다."

어느 원로 국어학자의 말도 많은 생각을 하게 한다.

기독교의 율법(律法)도 마찬가지다. 유대인은 율법 잘 지키려고 2,134의 규칙을 만들었다고 한다. 그 규칙 잘 지키려고 싸우다가 2,134 규칙에 갇혀서 기독교의 본질인 사랑 놓치고, 예수님을 십자가에 못 박았다. 그렇다고 율법이 필요 없느냐? 아니다. 사랑은 율법의 완성. 사랑 그 속에 율법이 다 포함된다.

로마서의 말씀이다. "피차 사랑의 빚 외에는 아무에게든지 아무 빚도 지지 말라 남을 사랑하는 자는 율법을 다 이루었느니라 간음하지 말라, 살인하지 말라, 도둑질하지 말라, 탐내지 말라 한 것과 그 외에 다른 계명이 있을지라도 네 이웃을 네 자신과 같이 사랑하라 하신 그 말씀 가운데 다 들었느니라 사랑은 이웃에게 악을 행하지 아니하나니 그러므로 사랑은 율법의 완성이니라"(로마서 13:8~10).

아들의 경고

내가 수필집(43집) 원고 출판사로 넘기면서 만족한 듯한, 표정을 나도 모르게 지었나 보다. 원고 전송 도와주러 온 아들이 그걸 안 놓치고 잡는다. 아들에겐 내가 마치 그 글을 썼다는 듯 자만하게 보였나, 한마디 경고한다.

"엄마, 선 줄로 알면 넘어져요."

내 글은 내가 쓴 게 아니고 주님이 도와주시고 친구들 도움으로 썼는데, 순간 잊고 내 자아가 살아나서 내가 쓴 것처럼 나도 모르게 흐뭇해하는 표정이었나,

아들이 나를 질책하듯이 말한다.

오래전에도 내가 전화로 친구에게 할아버지 자랑하다가 아들에게 말로 한 대 맞았다.

'만족한 듯, 행복한 표정.'

남에겐 아주 보기 싫은 교만으로 보인다.

생각하면 이 세상에 만족, 행복이 어디 있겠는가.

다 부분적인 것들.

온전한 것이 오면 다 사라질 것들이다.

남편 따라 장례식장에 가서

S병원, 남편의 이종사촌 누이(79세) 장례식장이다.

남편과 나는 마스크 쓰고 로비에서 시댁 식구들을 기다린다. 우리는 너무 일찍 가서 30분 이상 기다린다… 어디서 쇠지팡이가 딱딱딱 시멘트 바닥 찍는 소리가 들린다.

허리가 많이 구부러지고 행색이 초라한 노파가 커다란 조화들이 숲같이 늘어서 있는 장례식장 복도를 걸어간다.

"저 할머니는 왜 장례식장에 왔을까?" 내가 혼자 말하자, 남편이 대답한다. "죽은 손자나 자식을 보러 왔겠지. 자기보다 앞세우고 마지막으로 한 번이라도 더 보려고…."

어느 장례식장으로 가는지… 노인의 쇠지팡이 소리만 장례식장을 쩡쩡 울린다. 그가 지팡이 옮길 때마다, 장례식장 딱딱한 바닥 울리는 소리는 무슨 비명처럼 들린다.

'너희들 이 세상 잠깐이다. 죽음 준비해라. 죽음이 끝 아니다. 죽음 너머에 삶이 있다.' 소름이 끼칠 정도로,

내 가슴에 콕콕 박히는 무서운 경고음!

나는 죽음 너머의 삶을 믿고, 준비하면서 산다.

요즘 젊은이들이 많이 쓰는 말

오래전 한 독자가 나에 대한 호칭을 '쌤'이라고 써서 문자 보냈다. 의아했다. 그때, 난 쌤이 선생님 약자라는 걸 전혀 모르고, '쌤통'이라는 말이 생각났기에.

요즘엔 '쌤과 함께' TV 프로도 있다. 어느 초여름 날, 50대 아버지와 대학생으로 보이는 아들이 아파트 광장을 걸어간다. 아들이 주위를 돌아보고 하늘도 스쳐보면서 하는 말.

"…날이 안 덥네, 그렇게 날이 안 더운 것 같네요."

날씨가 선선하다는 말 같은데 참 복잡하게 표현한다. 요즘 젊은이들은 '같아요, 같네요. 같아서, 같은 것 같아요'를 많이 사용한다. 요새는 어른들도 보란 듯이 줄임말 많이 쓰고. 그 줄임말들, 잘못 수입된 외국어 영향도 있다고 본다.

나는 그 줄임말을 대하면 낯설고 서먹하다. 언어 속에 예(禮)가 빠진 것 같고. 언어 속에 예(禮) 빠지면, 사랑이 빠진 느낌이 드는 나. "사랑은 무례히 행하지 아니하며…."

그러나 어린 사람들의 무례함도 따뜻이 받아 주는 게 참된 어른 노릇. '내 사랑은 이웃이 무례히 행해도 받아 주고.'

나한테라도 목에 힘주고 사소

동생이 보낸 어느 날 문자에 이런 예상 못한 구절이 있다.

"나한테라도 목에 힘을 주고 살기 바라네."

동생 보기에 내가 자기(동생) 앞에서도 힘없이 풀 죽어 사는 모습이 측은해서 그럴까. 눈물이 나게 고마우면서, 세상에서 목에 힘주고 살지 못하는 나 자신을 돌아다본다.

슬퍼지려고 하면서 '목에 힘준다'는 게 뭘까? …생각한다.

성경에도 목이 곧은 이스라엘 백성이라는 말씀이 있고.

사람은 어떤 때 목에 힘을 주나. 세상적인 물질 권세 명예 많이 가진 자가, 목에 힘주는 것 아닐까. 그런 힘 가지면 나도 모르게 목에 힘이 주어지며 목이 곧아지는가. 교만은 교만한 당사자만 모른다고 하듯이, 목에 힘준 사람은 자기가 목에 힘주는 것 자기만 모른다. 목이 곧은 백성 이스라엘의 선민(選民) 의식이 그들을 교만하게 만들었다고 한다.

나만 구원받았다는 우월 의식만 갖는 기독교 종교인.

나도 그런 목이 곧은 종교인은 아닌지?

내 심령을 들여다보아야 한다.

자녀손(子女孫)이 뭐예요?

어느 부인 독자께서 내게 전화로 정중하게 묻는 질문이다. 내 글 중에 가끔 나오는 자녀손이 무엇이냐고?

질문하는 독자는 60대로 대형 서점에 가서 신간 구입하는 교양 있는 독서인. 그 질문 받고 크게 놀랐다. 내가 이런 독자를 배려 않고 글을 썼다는 것이고, 내 나라가 한자 문화권이라는 게 서글프기도(?) 해서. 자녀손(子女孫)은 자녀와 손자를 줄인 약자다. 우리 연령대는 거의 다 아는 줄임말이라 생각하고 참고하는 한자를 안 써 넣었다.

우리나라 한문 정책이 일관되지 않아서 어느 땐 한자 중시하는 교육 정책, 어느 땐 경시하는 정책. 경시할 때에 학교 공부한 세대들은 한자에 서툴 수밖에 없다. 가끔 내 글에 한자를 써 넣는 건 글 뜻을 분명하게 하기 위함이다.

한자를 어느 나라 문자라고 국한 말고 인류에게 주신 창조주 하나님의 선물 중 하나라 생각하고, 한자도 어느 정도 알아야 우리가 의사소통을 더 정확하게 할 수 있다고 본다. 우리 문화와 역사는 한자 문화권에서 이뤄졌기 때문이다.

블라우스 색 하나만 아름다워도

아파트 광장 산책길을 걷는데, 회색보라 바지에 고상한 색상의 블라우스 입은 노부인(80세)이 눈에 띈다. 그의 뚱뚱한 몸도 안 보이고 블라우스 색만 보인다. 약간 뒤뚱거리는 걸음도 정다워 보이고. 그와 마주칠 때마다 '부인 블라우스 색이 참 아름다워요' 하고 싶어진다. 좋아하는 게 있으면 거기에 내 환상이 따라붙어서 다른 데는 잘 안 보이는 나.

어느 날 아침, 노부인은 걷다가, 운동 기구에서 운동하고 있다. 내가 못 참고 가서 말을 건넨다. "운동 열심히 하시네요." "살이 쪄서…." "블라우스 색깔이 고상해요."

"딸이 넷인데 많이 사다 주네요." 그들이 다 서울 살면서 블라우스 많이 사다 준다고. '그래서 새록새록 고상한 블라우스 바꿔 입으셨구나.' 별것도 아닌 일에 호기심 갖고 말 건네고 나면, 다음엔 그를 알은체해야 하는 부담이 따른다.

'인연(만남)은 재앙(환란)' 그렇다고 사람에게 관심 안 보내고 살 수 있나. 재앙도 하나님 소관, 그 재앙 속에서도 내가 큰다. 인생 재앙은 하나님 자녀 되는 고난도 수업인가.

작가 친구가 화낸 이유

어느 작가 친구와 만나기로 약속한 날.

그날, 만남 장소인 지하철역에 먼저 도착한 내가 한 10여 분 기다리고 있다. 친구는 약속 시간, 12시를 오후 1시로 착각해서 늦겠다고 전화한다.

그동안 쉼터에 앉았는데 옆자리 아주머니가 자꾸 말을 건네서 멀찌감치 떨어져, 신문에서 오린 조각 글을 읽고 있다.

그사이에 예상보다 빨리 온 친구가, 내가 안 보이니 전화하려고 하던 참에 나를 발견. 개찰구 쪽을 등지고 한쪽에서 뭘 읽고 있는 나를 찾아낸다.

그가 나를 보자마자 날카롭게 한마디 한다.

"아니 사람을 기다리려면 사람이 오는 쪽을 보고 기다려야지 안 보이는 데 앉아서 뭐나 읽고, 오는 사람 무시하는 것 아니어요? 당신은 전에도 한번 그러더라고. 그때도 내가 나가니까 쉼터에서 뭐를 읽다가 무심히 일어나는데, 나를 반기는 표정도 아니고, 그건 나를 무시하는 일이라고요."

예상 외로 센 그의 말에 당황하면서 뭐라고 몇 마디 하다, 그의 서슬에 눌러서 침묵. 그래도 가만히 한마디 한다.

"사람 인격력(人格力)의 핵심은 배려하는 거랍니다."

그는 못 알아들은 것 같다.

얼마 후, 그와 나는 근처 널찍한 찻집으로 간다. 대화 중에 그는 웃으면서 말한다.

"당신이 다 받아 주니까 내가 그런 말 했네. 하룻강아지 범 무서운 줄 모르는 격이지. 아무튼 사과하네, 용서하게."

"용서는 무슨, 그럴 수도 있지.

내가 어디에 잘 빠져 있는 게 문제지."

오늘 아침, 어제 그 작가 친구가 내게 화낸 이유를 생각하면서 깨닫는다. 그는 내가 자기 만날 때, 책 읽고 있거나 표정이 무심할 때, 자기를 무시한다고 생각하는구나. 결코 아닌데… 어떻게 내가 만나는 친구를 무시하겠는가. 내가 글에 잠시 빠져든 거지. 그러나 사람을 기다리면서 책 읽고 있는 건 환대가 아니다. 신앙 인격이란 어느 경우에도 남을 낫게 여기고 환대하는 것.

어제 같은 날도, 내가 하나님 사랑을 몰랐다면 어쩔 뻔했을까… 하나님 사랑을 배웠기에 나는 과민한 작가 친구에게도 '내가 잘못했구나' 하면서 이해하고 그를 다시 새롭게 만난다. 환대하는 마음으로.

개를 데리고 다니는 남자

우리 아파트 경내를 산책하러 나가면 어느 청년이 쌍둥이 같은 갈색 개 두 마리를 데리고 걷는다. 청년은 키가 크고 체격이 좋고, 개들은 몸집이 작으나 활발하다 못해 사납다. 그 개 두 마리와 청년을 만나면 나는 떨려서, 청년이 개 운동시키는 시간 피해서 나간다. 어쩌다 청년과 개를 만나면 섬찟해서 가던 길을 바꾼다. 이러면 안 되지 하면서.

그렇게 불편한 몇 달이 지나가고… 어느 날 아침, 나는 갈색 개 두 마리와 청년과 화해하려고 큰맘 먹고 산책하러 나간다. 아파트 현관문을 나서자 개와 청년이 저쪽에서 온다. 나는 '억지 애정'이라도 쏟아서 개에게 다가간다.

'아아 참 귀엽구나.' 그러자 한 마리 개가 재빠르게 와서 내 종아리(여름이라 반바지)를 핥는다. 내가 질겁한다. 개 주인은 묵묵히, 잔인할 정도로 묵묵히 보고만 있다.

'저 청년이 자기네를 싫어하는 내 내심을 알고 있나?'

아니면 질겁하는 나를 대수롭잖게 여기는가.

'미안합니다. 귀엽다고 하니 개가 좋아서 그런 겁니다.'

한마디 정도는 내게 해야 하지 않은가… 그렇다면 개와 개 주인과 화해하려는 내 노력은 무산되는가.

아니다. 그래도 절반은 성공이다.

이상하게도 내가 개에게 억지로라도 말을 건넨 뒤, 개와 개 주인과 마주쳐도 전보다 훨씬 덜 무서워진다. 사람이나 동물에게나 직접 말을 건넨다는 것이 이렇게나 중요하구나. 직접 말해 본다는 그것 자체만으로도 엄청난 소통이다. 그래서 소통이 중요한 것인가.

주님도 성경 '이사야'에서 우리와 소통하자고 말씀하신다. 나하고 얘기 좀 하자. 죄 많은 인간들은 무서워서 도망간다. 주님은 끝까지 포기하지 않고 너와 내가 만나서 대화하자고 애타게 말씀하신다. "여호와께서 말씀하시되 오라 우리가 서로 변론(대화)하자 너희의 죄가 주홍 같을지라도 눈과 같이 희어질 것이요 진홍같이 붉을지라도 양털같이 희게 되리라"(이사야 1:18).

아무리 죄가 많은 사람이라도 주님과 만나서 얘기하면 그 죄가 눈과 같이 희어질 것이라고. 서로 만나서 대화하면 이해되고, 이해되면 용서하고 사랑하게 된다는 말씀.

4부

내 몸 밖에 있는
또 다른 내 심장

내 몸 밖에 있는 또 다른 내 심장

어느 목사님이 어떤 시(詩) 한 편을 읽어 주시면서 성경 요한복음 16장을 쉽게 말씀해 주신다.

"…「내가 엄마가 되기 전에는」이라는 시가 있습니다… '내가 엄마가 되기 전에는 내 몸 밖에 또 다른 내 심장을 갖는다는 것이 어떤 기분인지 몰랐었다…'

자식이 어떻게 느껴지던가요? … 자식이 내 몸 밖에, 또 다른 내 심장을 보게 했다는 것— 그것이 성령(聖靈)의 오심입니다… '하나님께서 우리에게 당신의 심장을 박아서, 자신 밖에 자신의 또 다른 심장을 보시는 것.'"

그 말씀을 듣자, 지금 뛰고 있는 내 심장이 하나님의 심장이지, 하고 생각하니 정말 하나님이 더 살아 있게 가깝게 느껴진다. 성령님은 또 다른 하나님이라는 말씀, 쉽게 가르쳐 주신다. 하나님과 나는 같은 심장을 가지고 있는 불가분의 관계. 불가분의 관계는 엄마와 자녀 관계. 엄마 배 속에서 엄마의 심장과 아기 심장이 이어져 있듯, 내 심장은 하나님의 심장과 이어져 있다.

아들의 부탁

아들이 직무상 어떤 인터뷰를 앞두고 기도를 부탁한다. 내가 그 부탁 전화 못 받으니, 문자로 보냈다.

'…매우 중요한 인터뷰입니다… 많이 떨립니다.'

인터뷰 시간이 오전 9시 반부터 오후 6시까지라고 해서, 종일 나는 밥도 못 먹고 심장을 떨면서 지낸다. 아들이 많이 떨리니 엄마인 나도 많이 떨면서 지낸다. 어느 목사님 말씀이다. "성령님이 오신다는 것은 하나님께서 우리에게 당신의 심장을 박아서, 자신 밖에 자신의 또 다른 심장을 보시는 것, 그게 성령님의 오심입니다."

그렇다. 내 심장이 아들에게도 심어져, 아들 심장이 많이 떨리니 엄마인 내 심장도 많이 떨리는 것. 아들과 같이 내 심장이 떨고 있으니, 종일 밥을 먹을 수가 없다. 어지러워 잠시 누워서도 떨고 있는 나. '나는 아들에게서, 아들에게 있는 또 다른 내 심장을 보고 있다.' 엄마와 아들 목숨이 하나이듯, 하나님과 내 안에 계신 성령님은 한 분이라는 것을 엄마와 아들의 심장을 들어서 적확하게 말씀해 주신다.

주방의 성자 로렌스 형제

"17세기 프랑스의 작은 수도원. 로렌스 형제는 주방에서 하루 종일 허드렛일을 하면서도 순간순간 호흡하듯 하나님의 깊은 임재 속에서 살았습니다. 평생 주방에서 헌신했던 '주방의 성자' 로렌스 형제의 고백입니다. '하나님 뜻은 거창한 것이 아니라 매 순간 그분을 찬양하고 그분을 신뢰하면서 행복감에 젖어 드는 것입니다. 나에게는 일하는 시간이 기도의 시간과 다르지 않습니다. 여러 사람이 동시에 여러 가지를 요청하는 주방의 소음과 어수선함 속에서도 나는 마치 복된 성찬식에서 무릎을 꿇고 있을 때와 마찬가지로 큰 평온 속에서 하나님을 의식합니다. 하나님의 임재를 경험하려면 하나님에 대해 많이 생각하려고 결심하는 것이 전부입니다. 이는 마치 은밀히 그분의 옷자락을 만지는 것과도 같습니다. 나는 하나님을 사랑하려고 세상과 그분과 나 외엔 아무것도 없는 것처럼 살기 시작했습니다.' 로렌스 형제의 하루하루는 바로 삶 자체가 예배가 되는 순간입니다"(어느 목사님의 주일 예배 설교 중에서). '내 삶, 예배가 되도록!'

부지런하면 뭐 해, 깨끗하면 뭐 해

자그마한 노인(청소부)이 자기의 키보다 더 큰 대비로 우리 아파트의 낙엽을 쓸고 있다. 가볍고 유연한 몸놀림. 노인은 대비로 쓴 낙엽을 수수비로 쓸어 쓰레받기에 담아 마대 자루에 넣는다. 내가 묻는다.

"왜 낙엽을 다 쓸어요. 그냥 두지." "이거 말라서 밟고 다니면 다 먼지 돼요." 가까이서 보니, 노인 얼굴은 단단하게 젊은 노년. "전에 있던 아저씨는 안 보이네요."

"일 못 해서 짤렸어요." "아저씨는 처음 보는데요."

"내가 왜 여기서 7년이나 했는데… 잠깐 개인 사업 한다고 그만뒀는데, 나와 달라고 해서."

"아저씨보다 일 잘하는 사람 아무도 없겠네요."

"난 게으른 사람 제일 싫어요. 내가 80인데… 집사람은 7년 전에 갔어요. 그래도 아내 있을 때보다 더 깨끗이 해 놓고 살아요." "아내 생각 안 나세요." "그거 뭘 생각해요."

피도 눈물도 없는 기계 같은 노인. '부지런하면 뭐 해, 깨끗하면 뭐 해.' 나는 돌아서 버린다.

4대가 함께 사는 집

아침 9시가 되어 가면, 고만고만한 어린이(5세 정도) 셋을 데리고 천천히 아파트 구내를 걸어가는 아저씨가 있다.

궁금해서 내가 묻는다.

"아저씨 이 애들이 다 한집 애들이어요."

"예, 우리 손자 손녀들이어요… 우리 집 식구는 어머니, 우리 부부, 아들 부부, 손자손녀 셋, 여덟 식구가 한 집에서 살아요. 아들 부부는 직장에 나가니까, 안식구가 고생해요… 내가 여기서 오래 살아서 주민들은 거의 다 아는데, 아주머니는 처음 보네요."

"제가 잘 안 다녀서 그래요."

키가 똑같은 세 손자 손녀들. 그중 손녀 하나가 등을 온통 다 덮는 커다란 투명 날개를 달고 머리에도 커다랗게 빨간 나비 리본을 달고 간다. 날개가 아이 몸보다 커서 내가 웃으면서 말한다. "나비가 참 크기도 하네요."

"오늘만 하기로 했어요."

"왜요, 하기 싫을 때까지 하게 놔두시지 그래요… 나비

같이 날고 싶은가 봐요."

세 손주 데리고 가는 아저씨의 뒷모습. 순하고 헐렁하고 흐느적거려 몸이 휘어질 만큼 가는 할아버지가 손주 셋 데리고 걸어간다. 항상 썰렁하게 보이던 넓은 101동 아파트가 오늘은 따뜻하게 보이고… 하나님은 오늘도 아기가 태어나게 하시고 천진난만한 어린이들을 우리 곁에서 자라게 하신다. 나비같이 비상하고 싶은 꿈을 가진 아이들.

너희가 어린아이 같지 않으면 천국에 들어갈 수 없다고 하신 예수님 말씀이 생각난다. '어린이는 어른의 아버지'라고 한 워즈워스의 아름다운 시 「무지개」도 생각나는 아침이다.

> 하늘에 무지개 / 바라보면 내 마음 / 뛰노나니 / 나 어려서 그러하였고 / 어른 된 지금도 그러하거늘 / 나 늙어서도 그러할지어다 / 아니면 이제라도 나 이 목숨 거둬 가소서 / 어린이는 어른의 아버지 / 원하노니 내 생애의 하루하루가 / 전 생의 경건한 마음으로 이어질진저
>
> — 워즈워스의 「무지개」 전문

봄은 왔건만 걱정이 태산

친척 기선명 님(85세)이 자기 오빠가 남긴 일기 몇 장을 내게 주었다. 그 오빠는 고향 젊은이들에게 우상 같은 존재였다. 그 천재, 다 펴지도 못하고 일찍 가신 분이 18~19세 때(고 3쯤) 쓴 일기다. 동생이 품에 안고 살다가 내게 보여준다. 그는 부유한 집 장남으로 농촌 일꾼들과는 거리가 먼 부잣집 도련님인데, 일꾼들을 염려하는 글이다.

봄은 왔건만 걱정이 태산(1949. 3. 26.)

경칩도 춘분도 다 지나고
부엌에 넣을 장작 걱정도 솜옷 걱정도
원수 놈의 눈보라도 이제는 어데로인지(어디인지) 가 버리고 말았다
그러나 봄이 오고 보니 걱정거리 수두룩
비료 걱정, 먹을 걱정, 입을 걱정
농촌의 일꾼들이 맞이한 봄은 이같이 걱정의 봄으로

큰 한숨을 쉬는 농부의 얼골(얼굴)!!

그 걱정(염려)을 공중의 새도 먹이시고 들의 꽃도 입히시는 주님께 맡겼으면 좋았을 텐데… 공부하는 도련님이 일꾼들 먹을 걱정, 입을 걱정 그러안고 병이 되었나 일찍 가시고… 집안의 자랑인 오빠의 일기장을 누렇게 바스러지도록 품어 안고 평생을 산 누이 기선명 님. 세상은 왜 염려 걱정이 이리도 많을까. 그러나 주님은 염려하지 말라고 하신다.

'걱정 염려는 죄'라고 말하는 목사님도 있다.

'공중의 새도 먹이시고 들의 꽃도 입히시는 주님'은,

"너희 중에 누가 염려함으로 그 키를 한 자라도 더할 수 있겠느냐"(마태복음 6:27) 염려하지 말라는 말씀이다.

만물의 주인이신 하나님이 내 아버지인데, 그런 염려는 아버지 없는 고아나 하는 것이라고.

그림 언제나 그리움

화가 친구 박 선생이 내게 보낸 화집의 표제가,

'그림 언제나 그리움'이다.

'나는 무엇을 언제나 그리워하고 있나…?'

오랜만에 박 선생이 보낸 문자 편지다.

"'기 선생님 새 책 출간 축하합니다.'

우리 집 남편의 인사말이야. 책을 얼마 동안 자꾸 만지면서… 훌륭하시다고 되뇌이면서…."

"김 선생님의 귀한 축하 말씀 진실로 감사한다고 전해 드려… '그림 언제나 그리움' 언제나 그리움 있는 사람은 언제나 삶을 의미 있게 가치 있게 살겠지… 아 그리고 자네 집에 있는 '내 방'(용서하소) 그대로 잘 있는지?"

"방을 정리 좀 하려다가 아직은 그대로 있어.

일혜 마음 끌림이 고맙고 신선해."

"…그 방은 내 마음 안에 있으니까 이제 정리해도 돼."

광주 박 선생 집에 있는 '내 방'은 생활의 방이 아니라 마음의 방이다. 객지에서 내 마음이 내 집처럼 쉴 수 있는 방.

한쪽 옷걸이에는 친구의 옷이 걸려 있고, 낮은 책상 위로 밑으로 흩어져 있는 시집, 문학 잡지, 그리고 아무렇게나 널브러져 있는 책들. 친구(동화 작가)가 글 쓰고 생각하는 방이다. 나는 이 문학의 방에서 시집을 읽고 생각하면서 쉰다.

친구는 내게 '너무 보살핌'이란 간섭 안 하고 나를 자유롭게 놔둔다. 이 자유로움이 무엇보다 좋다. 인류 역사는 참 자유를 위한 인류의 투쟁사가 아닐까? 이 땅의 폭력 억압으로부터 우리를 참으로 자유롭게 하는 것은 예수님의 복음이다. "진리(예수님)를 알지니 진리가 너희를 자유롭게 하리라"(요한복음 8:32).

나는 지금 명예와 부와 세상적인 자존심, 도덕과 율법에서도 많이 자유하다. 사람을 가장 옭아매는 죽음에서도 자유한 편이고. 죽음에서 부활하신 예수님 믿고 영원히 산다는 이 무한대한 자유—너무 어마어마해서 아직은 감(感)이 오지 않는다. 실감하지 못할 뿐, 그렇다고 그 실체가 존재하지 않는 건 아니다.

큰 용사보다 품꾼이 되고 싶다

"어제 내가 거실을 왔다 갔다 하면서 당신을 생각했어요… 내가 당신을 '큰 용사여!' 하고 불렀어요. 기드온이 미디안 사람 피해서 포도주 틀에서 밀을 타작했지요. 그런 소심한 기드온에게 여호와의 사자가 나타나 '큰 용사여' 했어요… 당신이 지금 이런 책(기일혜 수필집) 내는 것, 큰일 하는 겁니다. 당신은 큰 용사입니다."

친구가 내게 한 말이다. 내가 대답한다.

"무슨… 그러나 소심하고 겁 많고 부족한 사람에게도 하나님 함께하시면 큰 용사가 되겠지요. 그렇지만 저는 아니어요. 당신이 큰 용사지요." "그건 아니지요…."

언젠가 그는 용사보다 품꾼이 좋다고 한다. 그는 용사가 아니라고 부인하지만, 기도와 말씀으로 주님과 동행하면서 땅의 인생들을 위해 기도하는 그는 용사도 되고 품꾼도 되는 목자 같은 친구다.

이런 스승 같은 친구들이 있어, 내가 계속 책을 내고 있다.

좋은 질문할 준비가 되어 있는가

어느 날 친지가 농사지은 고구마 가지고 오면서 다른 채소들도 가지고 오셨다. 더 큰 선물은 바로 이 한마디 말.

내가 먼저 물었다. "당신은 언제가 가장 행복해요?"

"공부할 때가 가장 행복해요."

망설이지 않고 즉시 당당하게 대답한다.

사람이 좋아하는 일을 보면 그 사람을 대강 안다.

오래전에 대학학력고사에서 전국 수석한 학생이 "공부가 가장 쉬웠어요" 해서 놀란 적이 있다. 내 기억으론 그는 공사판에서 일하면서 공부한 고학생. 노동이나 빈곤보다 공부가 가장 쉬웠다는, 뼈가 아픈 말이다… 고구마 싣고 온 친지는 60대 후반, 그동안 어려운 삶 많이 살았는데, 공부할 때가 가장 행복하다고. 그를 재인식한다. 내가 그런 질문했기에 그를 재인식하게 된다. 좋은 질문은 좋은 대답보다 낫다. 인생을 어느 정도는 알아야 좋은 질문할 수 있다고 한다.

사람을 잘 알려면 사람 만드신 창조주를 알아야 하고.

나는 누구를 만나든 좋은 질문할 준비가 되어 있는가.

한 글자 한 글자 놓치지 않고

글에는 사람의 목소리보다 마음이 더 담기는가.

목소리도 그 사람의 영혼, 글도 그 사람의 영혼이다.

목소리가 일회성(一回性)이라면 글은 더 무한성(無限性)이라고 할까. 목소리는 운율, 생감(生感)이 강해서 그 의미가 오래 남는데 흠결이 된다고 할까. 그래서 편지 글의 중요성이 있다. 내 글의 토씨 하나에도 내 영혼이 묻어난다.

오늘 새벽에 문득 스마트폰을 보니 전주 독자(구정회 님)의 짧은 문자 편지가 와 있다. "… 43번 책, 한 글자 한 글자 놓치지 않고 마음속에 새기며 잘 읽겠습니다."

편지 글이 인상적이다. '한 글자 한 글자 놓치지 않고'가 한 글자 한 글자에 자기 마음을 꾹꾹 눌러 담아 보낸 것 같고, 작은 일상 하나하나도 성실하게 사는 모습이 눈에 보이는 듯해서 곧 답글 보낸다. "온 마음 다해 사시는 모습이 짧은 문자 편지, 한 글자 한 글자 속에 다 담겨 있습니다. 친구를 쉽게 저버리지 않을 것 같은 신뢰를 내게 심어 주시고."

그런데 사람은 신뢰할 대상이 아니라고 한다.

내가 죽었다가(?) 살아날 때

새벽 4시쯤 일어나서 글 한 네댓 편 쓰고 탈진된 아침. 그날 집에 오기로 한 아들 전화다. "엄마 목소리가 왜 그래요?" "으응 내가 새벽에 글을 많이 써서…."

"오늘 못 간다고 전화했어요. 이번에 외국인들 만나서 엄마에게 안 좋을 것(코로나 감염) 같아서 안 가려고요."

"괜찮아. 엄마 지금 이렇게 힘없어도 네가 온다고 하면 살아난다, 금방 살아난다고. 그러니까 와도 돼(마스크 쓰고). 엄마는 네가 온다고 하면 금방 살아난다니까."

"알아요. 엄마 알아요…." 뭘 안다는 말인가….

아들은 엄마인 내가 죽었다가도(탈진) 사랑하는 아들이 온다고 하면 그 사랑의 힘으로 벌떡 살아난다는 걸 안다는 말인가. …아들이 내 마음을 알듯, 나도 하나님 마음, 하나님 사랑을 알까? 주여 제 믿음 없음을 도와주소서!

"여인이 어찌 그 젖 먹는 자식을 잊겠으며 자기 태에서 난 아들을 긍휼히 여기지 않겠느냐 그들은 혹시 잊을지라도 나는 너를 잊지 아니할 것이라"(이사야 49:15).

내 꽃밭이라면 그랬을까

작년 여름, 아파트 주민이 즐겨 찾는 백일홍 꽃밭 이야기다. 어느 날 보니, 백일홍 푸른 이파리에 흰 물이 번지면서 시들시들해진다. 안 되겠다 싶어 관리실에 알리려고 가 보니 아침 8시 반, 문이 잠겨 있다. 나오다가 만난 직원에게 물으니, 자기는 기관실 근무라면서 관리실 문이 잠겼으면 나중에 전화로 말하라고. 전화하려면 남편에게 전화번호 물어야 하고. 남편은 사방에 관심 보낸다고 할까 봐, 그대로 침묵 지키기를 한 며칠.

어제야 관리실 직원에게 말하니, 내일 수목 소독한다고. 한시가 급한데… 수목 소독 끝난 오늘 아침, 백일홍 꽃밭에 가 보니, 더 죽어 간다. 소독약 효과도 없다. 늦었다.

백일홍 죽어 가는 데 난 책임 없을까. 더 일찍 서둘러서 열흘 전에 소독했더라면 저렇게 다 죽어 가진 않았을 것.

나도 책임 있다. 언젠가 백일홍에 소독하던 여인처럼 진즉 관리실로 달려가, 소독약 달래서 뿌리고, 적극 관심 보냈다면 살렸을지도… 내 꽃밭이라면 내가 그랬을까. 부끄럽다.

식탁에 숟가락도 못 놓고 사는 사람

어제 만난 어느 친지가 내게 하는 말.

"…숟가락을 놓을 때마다 생각이 나요. 작가님이 식탁에 숟가락 한번 못 놓고 살았다고 하신 게."

"그래요. 그렇게 생각이 난다니… 내가 왜 그럴까요.

한번 말해 보세요."

"두 분이 사시면서, 다른 식구들 밥상 차리지도 않는데, 왜 그럴까? 작가님이 종의 근성, 거지 근성으로 살아서 그럴까? …아무튼 식탁에 숟가락 놓을 때마다 생각이 나요."

"한마디로 내 숟가락 놓을 힘이 없어요… 내 비현실, 정신적인 일에 다 쏟아 버리고 살기에, 남편 밥상 차리고 나면, 내 숟가락 놓을 힘이 정말 없어요. 그거 하나 놓을 힘이 없느냐? 없어요. 나를 위해 쓸 힘, 손가락 까딱할 힘도 없어요…." 그가 이런 나를 어찌 알겠는가… 어느 크리스마스에 자신 위해서도 선물(담채 보) 하나 샀다는 자존감 있는 친지, 자신을 무한 홀대하는 나와는 많이 다르다.

다르기에 그를 만난다. 다른 건 나보다 우월하다고 믿고.

우리 집 샐러드 김치 1

내가 가장 맛있어 하는 김치는 무조건 삼삼하고 담백해야 한다. 그런 김치 맛을 내는 친구, 김장 김치 담그는 비결은 '양념 좋은 걸로 조금 넣는다.' 지금은 그 친구도 며느리나 딸 도움 받아 김장하기에, 예전 그 맛 볼 수가 없게 되었다. 그런데 이번 우리 집 김장. 내 실수로 짜게 절여진 배추를 일찍 씻었더니 배춧잎들이 살아난다. 버무릴 때, 그 잎에 고운 소금 살살 뿌리고, 묵은 고춧기루라도 아끼느라고 조금 넣고 삼삼하게 담갔더니 친구네 집 김치 맛이 난다. 양념으로 청계산 밭에서 자란 무와 갓, 파, 청각이 시원한 맛을 낸 것 같고.

벌써 익어서 요즘 밥상에 안 빠지고 오른다. 배추 9포기 36쪽. 날마다 한 쪽씩 샐러드처럼 먹으면 한 달이면 거의 다 소비. 이 영하 11도 추위 지나면 김치 더 담그려고 한다.

어느 고급 호텔 뷔페에서 맛본 김치가 샐러드처럼 달큼하고 삼삼했다. 내가 만든 샐러드 같은 김치는 덜 달고 더 쌉싸래해서 훨씬 담백하다.

우리 집 샐러드 김치 2

이번 우리 집 김장 김치는 샐러드 김치.

이런 아이디어, 어디에서 났을까? 내게 극상품 김치 주신 친구와 전화하다가 알았다. 다음은 그가 한 말이다.

"…숙이 님한테 주신 책(기일혜 수필집 43) 잘 전했어요.

빨리 못 알린 건 집안에 일이 있어서….

숙이 님 독후감은 「세상에서 가장 애교가 많은 여자」는 극찬하시고 그 다음은 「해찰하다가 늦었냐?」… 나는 다 읽고 나니 「세상에서 가장 애교가 많은 여자」와 승강기에서 아내가 까꿍, 하는 두 편이 확 뜨더라고요."

"승강기에서 까꿍 하는 작품은 유치해서 안 넣으려다 넣었는데, 부끄러워요."

"젊은 부부가 그랬다면 보통이지만, 80 노부부, 노년의 삶이 그렇다는 건… 내가 볼 때 예술이에요."

"그래요, 그러셨어요… 그런데요, 이번 우리 집 김장 배추김치는 샐러드 김치예요."

"샐러드 김치, 처음 듣네요?"

"김장 배추를 내가 실수해서 짜게 절이고, 일찍 씻었더니 배춧잎들이 살아나서, 버무릴 때 소금 좀 뿌리고… 양념 조금 넣고 담갔더니 싱싱한 샐러드 김치가 되네요… 남편도 그것만 찾고. 어떻게 그런 김치 만들었을까? 하고 나도 궁금했는데, 당신과 전화하다가 지금 갑자기 생각이 나네요… 아아 당신이 주신 극상품 김치 다 나눴더니, 그 비워진 마음에서 싱싱한 샐러드 김치 아이디어가 생겨났구나… 내 것 다 비워야, 창조 근원이신 하나님이 더 좋은 걸(샐러드 김치)로 채워 주신다는 비밀(?), 이제야 알았네요."

남에겐 하찮은 김치 얘기일 수 있지만,

당사자인 내겐 천금 같은 삶의 교훈이다.

우리 집 샐러드 김치 3

이번 우리 집 김장, 배추 절이는 소금물이 짰는지 배추가 몇 시간 만에 숨이 죽는다. 얼른 배추를 세워 밑동만 간물에 적시고 이파리 쪽은 위로 세운다.

시간이 되어 씻어 보니 밑동 간은 맞는데, 위로 세워진 이파리들은 덜 간해져서 살아난다. 버무릴 때 그 살아난 배춧잎엔 가는 소금 약간 뿌리니, 쌉싸래한 배추 맛이 살아있어, 싱싱한 샐러드 김치가 된다… 배추 절이는 소금물 짜게 한 실수, 고춧가루 양념 아끼려고 조금 넣은 모자람이 어우러져서 샐러드 김치라는 색다른 김치가 만들어진다.

'실수, 부족함'이 새 김치를 만든 것.

다음 김장에도 이 샐러드 김치 맛 낼 수 있을까?

배추도 생물(生物)이라 변수가 많고, 사람도 기계가 아니라 했던 일 똑같이 할 순 없다. 어쩌다 저지른 '실수와 부족'으로 만들어진 최상의 맛, 샐러드 김치. 늘 반복되는 것 같은 사소한 일상도 깊이 자세히 보면 다 다르고 새롭다.

그러므로 '위대한 것은 일상 속에 있다'는 말은 명언이다.

다 늙어서 나무꾼 같은

아침 9시 전인데 스마트폰이 울린다.

서울 근교 친구에게 보낸 책이 배달되었다는 우체국 문자다. '아니 아침 9시 전에도 소포가 배달되나…' 친구에게 전화하니 책 안 받았다고. "연말이라 우체부 아저씨가 바쁘니까 현관 앞에다 놓고만 간 지 모르니 나가 보세요."

친구가 현관 문 열어 보고 책이 왔다고.

친구는 곧 소포를 풀더니, "꽃이 참 예쁘네요. 지금까지 나온 표지 중에서 제일 예쁘네…" 한다.

"당신 거실에 걸려 있는 당신 사진 같아요."

"무슨, 다 늙어서 나무꾼 같은 사람을."

"나무꾼이라니, 지금도 색시같이 고우신데."

친구는 80인데 내 눈에는 주름도 안 보이고 곱기만 하다. 몇 년 전 그 댁에 갔는데, 친구 교회 멋스런 구역장님이 와서 친구 사진(61세 때) 보면서 말한다. "김지미보다 더 이쁘다."

글 쓰는 나, 방해된다고 전화도 안 하는 '때 묻지 않은 친

구' 그 청순 고결한 아름다움,

어느 세상 미인의 미에 비할 것인가.

위의 글을 써 놓고, 코로나로 두문불출하고 있는 그 친구에게 전화해서 읽어 드린다.

끝부분을 읽는 내 눈에 눈물이 고인다. 내가 써 놓고 내가 울먹이면서 읽고 나서 말한다.

"당신의 그 인고의 삶을 내가 다 아는데…,

당신보다 더 내가 아는데…."

"왜 아침부터 울리실까… 감동이네요.

내가 세상에서 처음 받아 본 감동이네요!"

내가 전화해서 이 글 읽어 드리기를 참 잘했구나.

나는 오늘 '세상에서 처음 받아 본 감동!'이라는 선물을 내 고요한 친구(80세)에게 드렸으니까.

남편과 함께 드라마를 보면서

어제 저녁, 인천 친구가 동생에게 보낸 건강빵.

동생이 다시 오빠 편으로 내게 보냈다. 내가 집 앞 지하철 역으로 나가서 그 빵을 받았다. 집에 와서, 오후에 금방 만들어 보낸―초콜릿, 생강, 도라지 넣은 것 중 생강 빵 골라서 커피랑 든다. 남편이 "맛있네, 맛있다고." 나도 그렇다 하고.

남편과 나는 다음날 새벽 2시경까지 옛날 드라마 「대장금」을 본다. 영양빵을 먹어서 든든하다. 새벽 2시까지 남편이랑 드라마 보는 것도 처음. 나는 다분히 의도적이다. 평생 남편과 같이 안 한 일, 해 보려고 한다. 남편 혼자 늘 TV 보게 한 게 미안해서. 드라마가 끝나자 내가 말한다.

"같이 TV 보는 것도 추억이 되겠네요."

"무슨 추억은 추억…."

남편 말마따나 이제 와서 추억은 무슨… 추억도 귀찮은 나이다. 잘 죽는 게 당면 과제인 80대 부부에게 추억은 무슨… 지금은 죽음 너머의 삶이나 준비할 일.

죽음 준비는 늙으나 젊으나 해야 하지 않을까.

사건은 언제나 일어날 수 있다

내가 59세 때, 미국 동부 쪽에서 예정한 한 달 집회가 끝나는 날, 마지막 저녁 집회가 워싱턴 중앙교회에서 있었다.

나는 집회 시간 한 시간 전쯤 그 교회에 도착.

집회 시간 30분 전, 교회당 안을 보니, 10여 명 앉아 있다.

'하나님, 마지막 날인데 사람 안 오게 해서 저를 우세시키렵니까? ….'

나는 계속 눈을 감고 있었다. 시간이 돼서 눈을 떠 보니, 넓은 교회당 안에 사람이 가득하다.

그날, 내 기억으로는 강단에서 2시간 이상 3시간 가까이 말씀 나누었다. 끝나고 나서, 주최 측인 복음신문 사장님이 "이건 사건입니다!" 해서 나는 오늘 밤에 무슨 사건, 사고가 일어났나 하고 의아해하다 한참 후에야 알았다. 그 집회가 감동적으로 잘 끝났음을 그렇게 말하는 미국식(?) 표현이라는 것을.

어제 남편과 나 사이에도 한 사건이 일어났다.

어제, 내 일로 어디에 급히 돈 백만 원 송금할 일이 생겼다.

남편이 비상금 가지고 은행에 갔다. 입금해서 송금할 경우, 한 시간 후에나 송금 가능(금융 사기 막으려고). 남편은 그 사이에 친구 만나 점심 들고… 나는 12시가 지나자, 남편에게 송금했느냐고 전화. 남편은, 지금은 곤란하고 오늘 오후 5시까지는 송금한다고(남편은 인터넷 뱅킹 안 함).

나는 불만한 목소리로 말한다. "오후 5시는 너무 늦어요. 그쪽에선 지금 당장 돈이 필요할지도 모르는데."

오후 3시쯤 남편 전화다. 금방 송금했다고 말하는데 숨이 가쁘다. 내가 송금 재촉하니 남편은 친구와 일찍 헤어지고 급히 송금. "왜 그리 숨차세요…." 대답이 없다.

얼마 뒤, 집에 돌아온 남편은 계속 말없이 앉아 있다.

남편은 친구 보내고 급히 송금하느라, 소용돌이친 감정 추스르느라 애쓰고 있다. 나 때문에, 내 일로 송금하려고 비상금 털고, 친구와도 일찍 헤어진 남편. 집에 와서 아내에게 화풀이라도 할 수 있는데, 혼자 상한 속 다스리고 있다.

나도 속이 상하고… 남편이 아프면 나는 언제나, 내가 속 많이 썩혀서 아프다고 생각한다. 그러나 부부는 상하고 쓰라리면서도 함께 해야 할 일이 있고, 함께 걸어가야 할 길고 긴 인생길이 있다. 기나긴 인생길에 사건은 언제나 일어나고… 사건은 잠자려는 우리 영혼을 깨우시는 하나님의 회초리가 아닌가 한다.

자네 참 독하네

다시는 김장 안 한다고 하면서도 또 하게 되는 김장.

동생들이 김치 줬어도 하게 된다. "얻어 온 간장은 손으로 찍어만 먹어도 금방 없어진다." 가난한 살림은 김치라도 많이 있어야 맘이 놓인다. 김장을 망설이고 있는데, 농협 마트에서 배추 한 망에 4,500원에 세일한다고. 가서 배추 3망(9포기) 무 사고, 청계산 가게에서 양념거리 사고.

다음날 오후 김장 끝내고 그릇 다 씻어서 조리대 위에 엎어 놓은 걸 본 남편이 하는 말. "자네 참 독하네…." "내가 책에다 돈 많이 쓰니 아껴야지요… 나는 '가난을 만드는 사람' 독하게 살아야지요. '만든 가난'이라도 가난은 가난. 나를 독하게 만드네요." "그런데 김장할 때, 당신은 왜 사람을 안 불러? 언제나 혼자 해?" "사람 부르면 대접해야 하고, 일이 서투니까 누구와 같이 하면 주눅 들어서 못 해요."… 김장 끝낸 저녁, 다용도실에 가 보니 배추김치 네 통, 섞박지 한 통이 즐비하니 놓여 있다. 내가 만드는 가난, 나를 힘껏 살아가게 한다. 어지간한 일도—어지간한 가난도 안 무섭다.

여자의 기본도 안 되는 사람

어느 날 동생에게 전화로 묻는다.

"야 네가 준 코코넛 크림 그걸 얼굴에 바르고 닦아 내면 되니?"

"그래 한 2~3분 잘 문지르고 닦아 내."

"영양 크림이 떨어져서 그걸로 하려고."

나는 영양 크림이 비싸서 누가 준 것 쓰다가 떨어지면 글리세린에 값이 싼 스킨 사서 섞어 발랐는데, 요즘은 그것도, 돈 들고 귀찮아서 싫고. 집에 있는 코코넛 크림으로 대신하려고 동생에게 묻는다. 얼마 뒤에 동생 집에 가니, 동생은 내게 기초 화장품을 주문해 놓았다가 준다.

"이 세 가지는 기본이지. 언니 같이 산 사람 어디 있단가."

나는 '여자의 기본도 안 되는 사람이구나.' 가난을 만들다 보니, 여자의 기본도 안 되게 살고… 동생은 내가 그 화장품 누구에게 못 주게, 화장품 갑 다 터서 뚜껑 열고 한 번씩 찍어 바르고 준다. '그런다고 주려면 못 줄까'만 동생 맘을 생각하고 잘 쓰기로 한다.

동생의 이 말이 남는다. “언니 말 듣고 맘이 아파서… 나 맘 안 아프게 하려면 그런 말 안 들리게 해!”

얼마나 맘이 아팠으면 저런 말 하랴. 동생 앞에서는 내 거지 근성(좋은 것 쓰면 불편, 안 좋은 것 써야 편안) 감춰야 한다.

이런 내 거지 근성은 지인이나 친구한테 무시당할 때도 있다. 당연지사(當然之事). 친구라도 이런 나를 어떻게 이해하겠는가. 자기가 안 살아 본 삶을 이해하기란 거의 불가능.

영이신 하나님도 육(肉)을 가진 인간의 삶을 안 살아 보고는 잘 모르실 것 같기에 직접 살아 보시려고 사람 모습으로 이 땅에 오셨는가? …예수님은 사람으로 오신 하나님.

우리의 마음 아픔, 작은 신음에도 응답하시고, 체휼하시는 예수님. 내가 사람들에게서 멸시당할 때마다 예수님의 사랑을 생각하면, 다시 일어나진다.

“말씀이 육신이 되어 우리 가운데 거하시매 우리가 그의 영광을 보니 아버지의 독생자(예수님)의 영광이요 은혜와 진리가 충만하더라”(요한복음 1:14).

내가 어디로 도망갈까 봐 전화하는가

오늘, 남편은 아내가 원기 부족해서 어지럽다고 수삼 사러 경동시장에 갔다. 동생이 준 꿀에 잰 수삼 먹고 내가 덜 어지럽다고 하니, 수삼 사고 종로 어디에 들러 무슨 약 사고. 오다가 농협 마트에 들러 장보기하고 일이 많다. 남편이 86세라도 속없는 아내는 한창때 청년으로 알고 있다가 어두워지면 와락 겁이 나서 '아니야 남편은 86세야. 너무 늦는데…' 하고 부랴부랴 전화. 조심해서 오라고 애타게(?) 전화.

저녁 무렵에야 돌아온 남편은 장보기 한 걸 다 꺼내면서 하는 말.

"내가 어디로 도망갈까 봐 그렇게(애타게?) 전화한가."

"그래요. 당신이 어디로 도망갈까 봐 무서워서 전화해요… 당신이 늙어서 몸이 어디로 도망갈 순 없고, 마음이 도망갈까 봐. 밥 잘 하는 여자, 반찬 잘 해 주는 여자한테로.

그런데 밥 잘 하고 반찬 잘 하는 여자는 남편한테 당당하지요. 나같이 뭘 못 해야 남편을 전적으로 의지하고 떨면서 매달리지… 내가 젊어서는 당신이 나를 버리면 당신이 사는 집 앞에 가서 날마다 운다고 했지요…"(남편이 약간 우습게 물으니까 나도 그렇게 대답한다).

그렇지만 내가 정색(正色)을 하고 말해도 별반 다르지 않다. 자존심도, 세상 살아갈 능력도 없이 매달리는 아내, 그 아내를 어찌 박대하겠는가. 불쌍해서라도 참고 살아 주지.

아내의 유약하고 겁 많고 소심한, 종의 근성 거지 근성까지 합친 '내 약한 모든 것들' 그것이, 남편이 나를 평생 참아 주는 이유가 아닌가… 예수님도 말씀하셨다.

예수님의 능력은 사람의 약한 데서 온전하여진다고.

아내가 약하니까 그 약한 데서 남편 능력도 온전해지는가. 가끔은 신(神)같이 참아 주고, 가끔은 신(神)같이 돌봐 주고… 남편 능력을 온전하게 하려면 아내 마음이 어린애처럼 남편 의지하고 따르면 되지 않을까…?

몇십 번 읽어도 위로가 되는 고린도후서의 말씀.

"나(바울)에게 이르시기를 내 은혜가 네게 족하도다 이는 내 능력이 약한 데서 온전하여짐이라 하신지라 그러므로 도리어 크게 기뻐함으로 나(바울)의 여러 약한 것들에 대하여 자랑하리니 이는 그리스도의 능력을 내게 머물게 하려 함이라"(고린도후서 12:9).

꿈입니다, 꿈

나는 요새 마음만 있으면 꿈꾸는 자가 된다.

장성한 그의 아들도 "엄마는 애기 같아" 한다는 내 친구.

애기 같고 꿈같은 그 친구에게 전화만 하면 된다. 그에게 전화하면 그의 꿈같은 얘기 들으면서 나도 꿈꾼다. 그가 어찌 이 험한 세상 살아갈까…? 아침에 눈 뜨면 '오늘 하루도 어떻게 살지' 세상 살기 어렵다는 내 친구. 30여 년 사귀었지만 요즘에야 발견한 그의 꿈같은 성정(性情). 오래 사귀어도 그 깊은 속, 알 수 없는 게 사람.

오늘 아침 어떤 수필 두 편, 그에게 읽어 준다. 얘기하다 읽고, 쉬었다 읽고… 내가 전화 끊으려 하니, 그가 수필 듣고 난 소감을 말한다. "꿈입니다. 꿈." 나도 "꿈입니다, 꿈."

인생도 한바탕 꿈이라는데, 우리가 심취해서 나눈 문학 작품이 왜 꿈이 아니겠는가. …꿈에서 깨어나니 오전 10시쯤. 남편은 거실에서 신문 읽고. 꿈꾸고 나면 싱싱해지는 나.

이런 꿈이라도 꾸어야 이 팍팍한 세상 살아갈 힘을 얻는다.

나는 즐겁게 남편 아침상 차린다. 남편 기분은 평온.

신혼여행

아름다운 것을 보면 가슴이 떨리는 시기에 나는 들판의 외딴집에서 살았다. 맑은 바람과 햇빛이 가득하던 곳.

연한 잔디, 작은 언덕, 잡초 새에 숨어 피던 자잘한 풀꽃들. 산이나 바다보다는 귀여운 야생(野生)인 들판이었다.

나는 작은 언덕에 앉아 물 건너 야산자락을 노오랗게 물들인 배추꽃을 바라보기도 하고, 싸락눈 같은 메밀꽃들이 마지기로 피어 있는 들녘을 바라보면서 가슴을 떨곤 했었다.

나는 이 싱그러운 들길을 지나서 시골 아이들을 가르치러 다녔다. 어느 날, 나는 집으로 오면서 새파란 보리밭 길을 마구 뛰었다. 뛰기를 멈추면 어떤 환희감을 놓쳐 버릴 것 같았지만 보리밭 둑에 주저앉고야 말았다. 배동 직전의 보리밭 색깔은 강렬했다. 싱싱한 진초록은 문뜩 죽고 싶다는 감정의 극치를 주었다. 죽음까지도 감미로워지던 그때, 나는 사랑을 하고 있었다.

'나는 사랑하는 사람을 모르고 싶어했다.'

그 사람이 산다는 동네를 피해 다녔고, 그 사람에 관한 얘기엔 귀를 막았다. 사랑은 '신비'라고 생각했기 때문이다.

그 사람과 나는 같은 고을이었지만 편지를 쓰는 것만이 유일한 사랑의 방법이었다. 들판의 초가집에 밤이 깊어지면 호롱불 밑에서 편지를 썼다.

날로 새로워지는 내 편지에 팔려 그는 만나자고 조르지 않았다. 나는 그가 조르지 못하도록 더욱 아름다운 편지를 쓰기 위해 들판을 더 헤매야 했고, 잠을 더 못 자야 했다.

그래서 그 사람의 신부가 되겠다고 교직을 그만두었을 때, 나는 그를 잘 몰랐었다. 결혼식을 앞두고 그가 신혼여행 후보지로 제주도와 유성온천을 들고 나왔을 때, 나는 그를 더욱 모를 것 같았다.

인적이 드물고 유명하지도 않은 조용한 곳을 생각하던 나였으나 내 뜻을 내세울 만큼 야물지도 못했기에, 비행기를 안 타는 쪽으로만 택했다. 그때 평생을 두고라도 유보(留保)되었으면 하던 환멸이 고개를 디밀기 시작했다.

나는 버스만 타면 멀미를 하는 이상 체질에다 소심해서 어디 나다니길 병적으로 싫어했다. 고작 들판에서 학교나 오가던 촌뜨기인 내게 고급 온천장 호텔은 심한 격차감으로 나를 긴장시켰다. 그러면서도 예민한 감성은 그가 또 얼마나 신사인가를 살피느라 쉴 짬이 없었다.

나는 창백한 신부가 되어 그를 불편케 했다. 호텔의 처처에서 다른 신혼부부를 만날 때마다 나는 내가 도매금으로 넘어가는 것 같은 비참을 어찌할 수가 없었다.

상냥한 서울 말씨의 세련된 신부를 보면 난 단번에 기가 죽어서 그의 눈치를 살피며 부끄러워했다. 호텔의 구내식당에서 하얀 식탁보에 새까만 간장을 쏟고는 무안해서, 굳어진 손으로 나이프와 포크를 들고 절절매던 고통스럽던 식사… 이 무슨 바보 꼴의 사서 고생이었을까. 초록색 이불의 정결한 나의 신방을 두고, 아름다운 4월의 고향 들판을 두고….

집으로 오는 특급 열차 속에서 나는 결혼식 뒤의 요란한 행사를 하나 치르고 간다는 씁쓸한 기분을 지울 수가 없었다. 그는 고개를 약간 뒤로 젖히고 눈을 붙였다. 그 얼굴을 안 보려고 나도 눈을 감았다… 그와 나, 우리들 신랑 신부는 숲실 할머니 댁으로 가고 있었다. 산 밑으로 깔린 꾸불꾸불한 신작로를 걸어가면서 얘기를 한다. 호젓한 산길이라 서로에게만 열중하면서 간다. 다리가 아프면 산으로 뛰어 올라가 산 냄새를 마신다. 두 사람이 걷는 산길에서 얘기는 더 제 목소리를 지녀 가고, 어느새 십 리도 더 되는 할머니네 집 앞의 큰 소나무가 보이는 걸 아쉬워할 것이다.

끝없는 얘기로 이어지는 산골의 밤이 지나면, 다음 날은 뒷산에 올라야지. 산나무, 산새들, 산의 숨소리뿐인 깊숙한 자연 속에선 잃었던 이야기, 묻혀진 이야기도 살아날 것이다.

이야기, 이야기가 하고 싶고, 듣고 싶은 것이다.

사랑하는 사람들 사이의 대화는 '영혼의 애무'가 아닌가. 원시의 숲속은 껍질을 벗은 그와 나의 심혼이 결합할 수 있는 은밀한 처소이다. 그 썰렁하고 시끄러운 호텔 방, 거긴 몸이 만나는 곳이지 마음이 만나는 곳은 아니다.

나는 눈을 떴다. 그는 아직 자고 있다. 약간 수그린 코밑엔 코털 몇 개가 나와 있다. 산속에서라면 나는 내 흰 손수건으로 그의 콧물이라도 닦아 줄 수 있지만, 거기서라면 그런 행위가 자연스러울 것 같지만, 나는 다시 차창 밖으로 시선을 옮겼다. 공허감이 싸아하게 가슴을 메어 왔다.

"내가 많이 잤나?" 그의 풀어진 목소리에 내 가슴은 하나도 떨리지 않았다. 신비는 사라졌다. 잡아서 만져지는 꿈은 없는 것이다. 그에게서 신비만을 취하려면 결혼은 말았어야 했다. 그러나…… 그의 신비는 끝이 보여도 그와 내가 창조해야 할 새 생활의 끝은 보이지 않았다.

환멸도 소중한 비축이라고 생각하면서,

나는 그에게 눈부시게 흰 손수건을 내밀었다.

내 그리운 시절

아득한 26년 전(지금부터 52년 전)··· 내 스물아홉 젊은 나이에 서울 땅으로 처음 이사를 왔다. 돌이 갓 지나고 백일이 갓 지난 아기 둘을 데리고, 와우산 밑 창전동에서 내 눈물겨운 셋방살이는 시작이 되었다.

4~5년간 5번이나 이리저리 셋방을 얻어 다니면서 나는 인생을 본격적으로 배워 나갔다. 그 시절의 내 마음의 일기에서 몇 부분을 여기에 옮겨 본다.

'벌써 김장독을 묻는구나….'

서울에서의 첫 가을이었다. 나는 조그만 유리창으로 주인집 안마당을 쓸쓸하게 바라보고 있었다.

누군가가 대문에서 집을 찾는 소리가 들렸다. 친정 오빠였다. 나는 오빠를 보자 놀란 듯 금세 얼굴이 붉어졌다.

오빠는 오른손에 고급 케이크 상자를 들고 작은 부엌문으로 허리를 굽히며 들어왔다.

"큰애는 어디 갔니?"

오빠는 허름한 보퉁이 살림을 둘러보면서 물었다.

"어머니한테로 보내 버렸어요."

내 음성은 당황한 듯 떨려 나왔다.

오빠는 오늘따라 더 깨끗하고 아름다운 모습으로 내게 보였다.

"아직도 네 남편은 나가는 데가 없니?"

오빠는 내 시선을 피해 들창 쪽을 보면서 말했다.

"예에… 알아보고 있는 중이에요."

나는 이 오빠 옆에 지금 어딘가를 헤매고 있을 까칠하고 초라한 남편의 모습을 떠올렸다. 그러면서, 공부 많이 하고 좋은 직장에 다니는 신사 오빠를 부럽게 바라보았다.

"…지금도 학교는 계속 나가고?"

남편은 늦게야 복학해서 야간 대학에 다니고 있었다.

"오늘이 네 생일 아니냐… 너도 애를 둘이나 낳고 서른이 다 됐으니 이젠 생일 축하해 줄 사람도 있어야지."

오빠는 내가 생각지도 못한 것을 기억하고 왔다.

"아니 어떻게… 내 생일까지 기억을 하시고…."

눈물이 쏟아지려고 했다. 오빠가 이렇게 살고 있는 나를 잊지 않고 있었구나.

그러나 예쁜 장식의 고급 케이크를 바라보면서, 오빠가 고마우면서도 조금은 서운한 생각이 들었다. 한 끼니의 쌀과 한 장의 연탄을 걱정해야 하는 동생에겐 적당한 선물이 아닌 것 같았다… '아니, 내가 이런 걸 다 생각하고 있다니, 저런 오빠에게.' 나는 곧 선물에 대해서 이런 생각을 하고 있는 자신이 부끄러웠다.

"나도 알아보고 있으니 너무 걱정 말아라….

이건 생활비에나 보태 쓰고."

오빠는 흰 봉투를 건네주고는 부엌으로 나 있는 조그만 출입문으로 몸을 구부리면서 나갔다.

이곳 높은 산동네로 셋방을 얻어 이사 온 뒤로도 남편은 계속 야간 대학에 다녔다. 그리고 밤이면 늦게야 돌아왔다. 언제나 조그마한 들창가로 와서 아내를 불렀다.

남편이 들어와 방문을 닫으면 그대로 방은 아늑한 성(城)이 되었다. 성내(城內)는 가난해서 이야기가 많았고, 오르기 힘들어 찾는 이 없기에 꿈을 꿀 수도 있었다. 하늘이 멀고 먼 곳, 그곳의 인간들이 잃어버린 지 오래인 꿈을.

어느 날 새벽, 나는 조그만 창가로 가서 바깥을 내다보았다. 눈이 소복이 내렸다. 첫눈이다. 남편을 깨워서 창가로 끌고 갔다. 남편은 첫눈을 별로 좋아하지 않았다.

"당신을 괴롭힐 눈이야… 저 아래 비탈길을 생각해 봐."

남편은 직장이 없으면서도 일찍 나갔다. 대학 졸업 예정자라는 자격 하나가 늘어나자 남편의 취직문은 넓어져서 이곳저곳으로 시험을 보러 다녔다. 어떤 날엔 동두천엘 갔다 왔다고도 하고 오류동, 수원까지도 갔다고 했다.

남편이 나가고 나면 나는 이력서가 10여 장이나 들어 있는 책상 서랍을 자주 열어 보았다. 장마다 붙여 있는 남편의 명함판 사진은 결혼 전에 내게 보내 준 것이었다.

그때 보던 사진은 늠름하고 자신감에 찬 남자로 보였다. 그런데 똑같은 사진이 이력서 위에선 퇴박만 맞고 다니는 사람같이 힘없고 초라하게 보였다.

이럴 때면 나는 얼른 아이를 업고 밖으로 나갔다.

산동네 골목길을 따라 내려가면 큰 행길이 있다. 나는 큰 길거리까지 내려가 신바람나게 왔다 갔다 하는 사람들을 부러운 듯이 바라다보았다. '저 사람들은 다 직장이 있겠지. 저 사람들의 아내는 얼마나 행복할까….'

방향 없이 떠도는 내 시선을 언제나 끌어가는 곳이 있다. 궤짝보다는 조금 큰 판잣집인 구두 수선집.

때가 절어 가죽이 된 천 조각으로 덮은 무릎에서 더러운 신발짝을 애기 만지듯 하고 있는 신기료장수였다.

구두를 매만지는 투박한 손은 단단하고도 정확했으며, 열중하고 있는 힘 있는 두 눈과 온몸의 자세는 나를 강하게 끌어갔다. 볼 때마다 손님은 끊이지 않았고, 그의 열성적인 작업도 쉼 없이 계속이 되고… '하루 종일 저 먼지 속에서 얼마나 고달플까… 남편이 돌아오면 더운물을 마음껏 쓰도록 뚜껑 있는 큰 물통을 사다 놔야지, 향기가 좋은 비누도 사다 놓고, 내복도 날마다 박속같이 희게 삶아야지. 남편이 잠들면 갈라진 손끝에 크림을 듬뿍 발라 주고, 아침마다 새하얀 손수건, 신기료장수의 아내라고 얕보아도 좋아….'

나는 잠시 눈앞의 신기료장수를 내 남편으로 생각하고 있었다.

날씨는 점점 더 추워지고, 사글세로 줄이고 남겨 둔 돈이 얼마 남지 않아서 남편은 더 일찍 나가고 늦게 들어왔다. 그렇게 되자 나는 자주 서랍장을 열었다. 옷이 들어 있는 서랍을 뺀 다음, 옷 새에 넣어 두고 쓰는 돈을 세어 보았다.

그날도 나는 연탄이 얼마 남지 않아서 서랍장을 열어 보았다. 어제 세어 보고 넣어 둔 천 원짜리 넉 장이 그대로 있었다. 나는 버릇대로 또 다른 옷가지를 들썩거리면서 혼잣말을 하고 있다. 이 속에서 한 만 원이 쏙 나온다면 얼마나 좋을까, 얼마나 좋을까… 이렇게 중얼거리면서 초록 자켓을 들썩였을 때 돈이 나왔다. 천 원짜리를 반으로 접은 부분이 도톰한 게 만 원도 더 돼 보였다. 정말 얼마나 좋을까 하던 생각은 달아나고 겁만 났다.

그날 저녁에 남편이 들어오자마자 나는 물었다.

"여보, 혹시 당신이 저 서랍 옷 속에다 돈을 넣어 두지 않았어요?" "모르겠는데…."

내가 넣어 두고 잊었을까? 내가 골똘히 생각하고 있을 때, 남편은 태연스레 저녁을 먹고 있었다. 나는 그제야 남편이 쉽게 모른다고 했던 것에 주의했다.

"당신이 넣어 놨지요? …넣어 놨지요?"

"… 그래, 당신이 얼마나 좋아하는가 보려고."

나는 남편이 보는 데서도 옷을 들썩이면서, 이 속에서 돈 만 원이 쏙 나온다면 얼마나 좋을까 하고 우스운 짓을 했었지…. 나는 얼른 부엌으로 나가 버렸다. 눈물이 나오려고 했다.

"물 좀 주지?"

그러나 조금 뒤 숭늉을 가지고 들어온 나는 놀랍도록 냉정해져 있었다.

"어디서 그렇게 많은 돈이 났어요?"

"남의 것 안 훔쳤으니 안심해. 빌린 것도 아니고 내가 번 것이야."

"직장도 없는 사람이…." 나는 더 이상 묻지 않았다.

다음 날 아침을 짓다가 까대기 부엌이 너무 추워서 나는 잠깐 들어가 있으려고 방문을 열었다.

남편은 누운 채 밝은 창 쪽으로 몸을 향해 있었다.

보고 있는 신문의 바깥쪽을 잡고 있는 여덟 개의 손가락이 내 눈으로 들어오면서, 손톱 새에 끼인 검은 때가 선명하게 보였다. 그렇게도 정갈한 사람이….

다시 부엌으로 나간 나는 부엌 바닥에 쪼그리고 앉았다. 말린 시래기 가닥 밑으로 생쥐가 쏠아 놓은 종이 부스러기를 내려다본다. '어디 가서 며칠 막일을 했구나. 비누로도 씻어지지 않는 때가 끼는 막일은 무엇일까?'

그날 오후 눈바람이 몹시 부는데, 나는 길쭉한 무 하나를 씻어, 머리 부분을 반듯이 자른다. 남은 밑동에다 숟가락으로 샘 파듯 긁어 나가니 무즙이 생긴다. 그 무즙 속에다 대파 서너 뿌리를 넣고 잘라 낸 머리 부분으로 다시 덮어서 아궁이에 올린다. 무가 지글거리는 소리를 들으면서 나는 남편을 생각하고 있다.

'이 바람 속에 어디를 헤매고 다닐까? 기침이 더치겠구나. 이거라도 마시면 좀 나을까?'

이때 부엌 들창을 세게 두드리는 소리가 났다.

"여보, 여보, 됐어!" 남편의 목소리였다.

"예!" 하고 내가 뛰어나갔다.

남편은 취직이 되었다고 했다. 그렇게도 소원하던 취직이— 서울시 중등 교사 채용 고시에, 몇백 대 일이었다는 그 어려운 시험에 합격이 된 것이다. 내 눈이 금방 젖어 들어갔다.

"당신 고생 많이 했지? …많이도 울고."

나는 남편의 얼굴을 피하면서 고개만 가로저었다.

"왜, 당신은 안 좋아?"

"조오와요…."

크기만 했지, 별로 생기가 없는 내 목소리다.

참으로 이상한 일이었다. 그렇게도 고대하던 남편의 취직이 되었는데… 알 수 없는 그늘 한 자락이 내 얼굴을 덮고 지나갔다.

"어디 아파? 왜 그래? …."

나는 남편의 얼굴을 더 이상 피할 수 없게 되자, 그의 등에다 얼굴을 묻어 버렸다.

두 눈에 눈물이 고였다. 소중한 이 지금의 성(城)이,

가난하나 어쩐지 길들여진 것 같던, 꿈이 있던 성이 무너지는 것 같은 한 줄기 허전함이 밀려왔다.

'좋으면서도… 왜 그럴까?'

나는 자신의 마음을 알 수가 없었다.

그러면서 이상하게도 성내(城內)가 한눈에 보였다.

나는 그렇게 산다

그동안, 이번 수필집까지 44권 내면서 보낸 수십 년.

글을 써도 안 써도 글이 맘에 늘 매달려 있어서, 내 밥상에 맘 놓고 앉아 본 적이 거의 없다. 남편 상 차리고 나면 언제나 탈진한 나. 나중에야 식은 음식, 남은 음식 좀 들고… 어떤 이는 밥상에 내 수저도 놓아 본 적 없다고 하니, "그럼 숟가락 없이 뭘로 먹어요" 한다. 이런 나를 누가 알랴.

아무도 모르니까 운다.

울면서 말한다. "주님 감사합니다. …주님은 아시지요. 제가 잘 못 산 삶까지 다 아시지요. 제가 지금 인간적인 연민으로 우는 것도 아시고… 그러니까 울지요."

남편이 거실로 나온 기척이 나자, 나도 나간다.

그리고 더듬거리면서 말한다.

"…내가, 새벽에 머리말 쓰고 나서… 많이 울었어요."

남편은 심드렁하다. 심드렁해진 남편에게도 이력이 난나. 아무런 일 없었다는 듯 아침 준비한다. 아무런 일 없었다는 듯 나는 또 글을 쓸 것이고… 나는 그렇게 산다.

따뜻한 글들은 어디서 흘러나올까?

50~60년 만에 전화로 듣는 고향 후배의 목소리.

그의 목소리가 잘 안 들린다. 목소리가 연약해서인지 울먹여서인지 분간할 수가 없다. 그러면서도 선연하게 떠오르는, 착하디착한 미소가 내내 흐르던 후배의 선량한 얼굴… 후배 목소리를 가늠할 수가 없어서 내가 조심스럽게 묻는다.

"자네 목소리가 왜 그런가?"

"오랜만에 언니 목소리 들으니까 반가워서…."

반가워서 울먹인다는 말이다. 맑은 심성의 울먹임이다.

후배 심성보다 덜 맑은 내 심성을 들여다보면서 말한다.

"세상에 자네 같은 사람이 어디 있겠는가."

"…언니가 졸업할 때 나한테 뭘 주었어요."

"내가 뭘 주었는가?" "잘 몰라요."

내가 무엇을 주었을까? 그 언젠가 후배를 어디서 잠깐 스쳐 지나가며 만났을 때도 그는 내가 자기에게 뭘 주었다고 말했던 것 같다. 가난한 초등학교 6학년 언니가 졸업하면서 후배에게 뭘 주었을까? 그것은 물질로는 사소한 것이

나 내 순박한 마음이었을 것. 그러니까 지금까지도 못 잊고 나만 보면 '일혜 언니가 졸업할 때 뭘 주었다'고 하지… 후배에게 남편 맹 교수 좀 바꿔 달라고 한다.

"맹 교수님, 이렇게 순결한 아내하고 사시는 것,

어렵지 않아요?" "뭐가 어려워요? ….."

"아아 내가 선배로서 세상적인 생각을 잠깐 했네요(내 남편은 나하고 살기 어렵다고 하니까)… 이런 아내(순전한),

참 행복하시겠어요."

"그래서 누가 뺏아갈까 봐 얼른 결혼했지요.

내일(?)이 결혼 55주년(?)입니다."

전화 끊고 나서 나는 고요히 앉아 있다… 에덴동산 입구에서 하와(후배)와 아담(후배 남편)을 잠깐 짧은 면회하고 나온, 맑아지고 정결해진 마음으로.

후배 남편 교수님 목소리도 내 속에 따뜻한 감동으로 흐르고 있다. "…이번에 책 받고는, 문자로만 짧게 받았다고 말씀 드릴 수가 없어서 전화합니다.

따뜻한 글들이 어디서 그렇게 계속 흘러나옵니까? …."

나도 잘 모르겠다… 내 안에는 하나님이 파 놓으신

신비한 '사랑의 샘'이 있어서,

따뜻한 글들이 계속 흘러나오는가…?

기일혜 수필집 44
신혼여행

초판 발행일 2021년 4월 15일

지은이 기일혜
펴낸이 임만호
펴낸곳 도서출판 **크리스챤서적**
등　록 제10-22호(1979. 9. 13)
주　소 서울 강남구 선릉로112길 36 창조빌딩 3F(우: 06097)
전　화 02) 544-3468~9
F A X 02) 511-3920
e-mail holybooks@naver.com
책임편집 장민혜
디자인 이선애
제　작 임성암
관　리 양영주

Printed in Korea
ISBN 978-89-478-0372-4 03230

정가 4,000원